PAPER BATTLES & DIORAMAS 005

PLAY THE FRANCO-PRUSSIAN WAR 1870-1871

GIOCA A WARGAME ALLA GUERRA DEL 1870

LUCA STEFANO CRISTINI - GIANPAOLO BISTULFI

AUTHORS

Luca Stefano Cristini has edited various publications on ancient and contemporary historical themes, including a great work on five volumes about the thirty years war and many others on Medieval, Napoleonic item as well as several illustrated books with historical color photographs. He has also curated all the brands of Soldiershop publishing.

Luca Stefano Cristini, storico e divulgatore da sempre di storia militare. Ha diretto per diversi anni riviste nazionali specializzate di carattere storico e uniformologico. Ha pubblicato un importante lavoro, recentemente ristampato su 5 volumi, dedicato alla guerra dei 30 anni (1618-1648) il primo mai stampato in Italia sull'argomento. L'autore ha oggi al suo attivo molti titoli delle collane Soldiershop, Bookmoon e Museum sia in qualità di autore che di illustratore.

Gianpaolo Bistulfi was born in Milan where he lives and works. He has always had a passion for drawing and painting. In 1987, he discovered the world of flat soldiers, virtually unknown in Italy. Gianpaolo has dedicated himself to making the world of flats known in Italy: he has created a very extensive website on the subject; he has written and writes articles for specialized magazines in Italy, Germany and England; he has collaborated in the publication of some books by providing photos of the figures of his wide collection of flat figures. His collection is one of the most important in the world.

Gianpaolo Bistulfi è nato a Milano dove risiede e lavora. laureato in Ingegneria elettrotecnica al Politecnico di Milano. Ha sempre avuto una passione per il disegno e la pittura. Nel 1987, scopre il mondo dei soldatini piatti, all'epoca poco sconosciuti in Italia. In breve diventa uno dei massimi artisti di riferimento mondiale nella colorazione e raccolta di soldatini piatti. La sua collezione è da annoverare fra le più grandi del mondo. Ha contatti con tutto il gotha di artisti e produttori di zinnfiguren e gestisce un blog molto seguito.

PUBLISHING'S NOTE

No part of our book may be reproduced in any format without the expressed written permission of Luca cristini Editore (Soldiershop.com), other than for personal hobby use. The publisher remains to disposition of the possible having right for all the doubtful sources images or not identifies.

ACKNOWLEDGEMENT - RICONOSCIMENTI:

A special acknowledgement goes to our master paper kraft Giuseppe Cristini, expert author of all the "clippings" and assembly of our kits and buildings. A thank you also goes to all the artists of flat painted soldiers not mentioned of the models belonging to the authors' collections. Last a thanks to Anna Cristini, author of the assembly of all the figures' stands.

Uno speciale riconoscimento va al nostro master paper kraft Giuseppe Cristini, esperto autore di tutti i "ritagli" e montaggi dei nostri kit ed edifici. Un ringraziamento va anche a tutti gli autori di soldatini piatti dipinti non citati dei modelli appartenenti alle collezioni degli autori. Ad Anna Cristini autrice del montaggio degli stand dei figurini.

Title: **Play the Franco-Prussian war 1870-1871 - Gioca a wargame alla guerra del 1870**
By Luca Stefano Cristini & Gianpaolo Bistulfi
Serie Paper Battles&Dioramas edit by Luca S. Cristini. First edition by Soldiershop series. Giugno 2020
Cover & Art Design: Luca S. Cristini. ISBN code: 978-88-93276078
Published by Luca Cristini Editore, via Orio 35/4- 24050 Zanica (BG) ITALY. www.soldiershop.com

PLAY THE FRANCO-PRUSSIAN WAR 1870-71
GIOCA A WARGAME ALLA GUERRA DEL 1870

PREFACE

Project made possible by the great and beautiful collection of Gianpaolo Bistulfi, who in many years of modeling career has personally painted thousands of toy soldiers. Now these soldiers will be at your disposal to obtain, with little effort, entire armies of battalions of infantry, squadrons of cavalry, batteries of cannons, houses and buildings, trees and much more material needed to create the scenes of your battle. We also explain tricks and modes for a good assembly of the pieces, as well as the official rules for playing wargame.

In the books there are also rich and detailed sceneries to play, which faithfully reproduce maps of battles and positions of armies of the past, to make it all more akin to the history and therefore enormously more interesting.

All in 50 pages full of hundreds of soldiers supplied in the standard scale of 25/28mm that you can, for personal use only, photocopy on thicker cardboard and thus get armed with the desired size. Always acting on the printing you can, enlarging or on the contrary reducing the scale, get toy soldiers in other scales from 10mm to 30mm!

Obviously we remind you that any commercial use is forbidden as the copyright remains the property of Soldiershop. Given the low cover price of our volumes it may be cheaper for you to get the toy soldiers directly from our books, you have the choice!

We have several new titles in working for our new series, destined in the short term to present an increasing number of sceneries, battles or dioramas. Follow us on our website www.soldiershop.com, on our Facebook page (Paper Battles&Dioramas) and on our YouTube channel (Soldiershop Publishing). Soon we will add free content that will allow you to enrich and improve your armies. So what are you waiting for? Wear the general commander's shoulder pads, equip yourself with a capable table, a practical ruler to measure, a pair of dice and get ready to lead hundreds or thousands of armed in epic and exciting battles of history.

Have fun!   Luca Cristini

PREFAZIONE

Progetto reso possibile dalla grande e bellissima collezione dell'amico Gianpaolo Bistulfi, che in tanti anni di carriera modellistica ha dipinto personalmente migliaia di soldatini. Ora questi soldatini saranno a vostra disposizione per ottenere con poca fatica intere armate di battaglioni di fanti, squadroni di cavalleria, batterie di cannoni, case ed edifici, alberi e tanto altro materiale necessario per creare le scene della vostra battaglia. Spieghiamo inoltre trucchi e modalità per un buon montaggio dei pezzi, così come forniamo le regole ufficiali per giocare a wargame.

Inoltre nei libri sono presenti ricchi e dettagliati scenari da giocare, che riprendono fedelmente mappe di battaglie e disposizioni di eserciti del passato, per rendere il tutto più affine alla storia e quindi enormemente più interessante.

Il tutto in 50 pagine fitte di centinaia di soldati forniti nella scala standard di 25/28mm che potrete, per solo uso personale, fotocopiare su cartoncino più spesso ed ottenere così armate delle dimensioni desiderate. Sempre agendo sulla stampa potrete, ingrandendo o al contrario riducendo la scala, ottenere soldatini in altre scale da 10mm a 30mm! Resta proibito qualsiasi uso commerciale in quanto il copyright rimane proprietà esclusiva di Soldiershop. Dato il contenuto prezzo di copertina dei nostri volumi potrebbe essere più conveniente per voi ricavare i soldatini direttamente dai nostri libri, a voi la scelta!

Abbiamo in cantiere diversi titoli per la nostra nuova collana, destinata nel breve a presentare un numero sempre maggiore di scenari, battaglie o diorami. Seguiteci sul nostro sito www.soldiershop.com, sulla nostra pagina Facebook (Paper battles&dioramas) e sul nostro canale YouTube (Soldiershop Publishing). A breve aggiungeremo anche contenuti free che vi consentiranno di arricchire e migliorare i vostri eserciti. Quindi cosa aspettate? Indossate le spalline da generale comandante, dotatevi di un capace tavolo, un pratico righello per misurare, un paio di dadi e preparatevi a guidare centinaia o migliaia di armati in epiche e appassionanti battaglie della storia.

Buon divertimento!   Luca Cristini

HOW TO ASSEMBLE YOUR PAPER ARMY AND YOUR DIORAMAS
COME MONTARE LA VOSTRA ARMATA DI CARTA E I VOSTRI DIORAMI

In order to create numerous armies, you can directly use our toy soldiers or, alternatively, photocopy them (only and exclusively for personal use, any other right is excluded). Our sheets have a size of 8x10 inches, (20.3 x 25.4 cm). Our toy soldiers are from 25 mm to 28 mm high. If you want to obtain toy soldiers on a different size from the one provided, you must either reduce them or, on the opposite, enlarge them in scale. We recommend using professional or service copiers that certainly offer better print quality. Our bases come in multiple sizes or fractions of 4 cm long by 2 cm wide (sometimes 1 cm, as with single artillerymen, bushes, accessories etc.). The average length of the cavalry is 8 cm, while for infantry it is 4, 8 or 12 cm. Command or flag sections come in 4 cm bases. The bases for artillery are 4x4 cm.

Uniforms in the first half of the 17th century were not coded, they were dressed, it is said, to the bourgeoisie with hats, trousers and tunics of various colors: brown, grey, green, etc... Therefore, as far as possible, mark the armies in order to recognize and separate them (in many cases they are already indicated by the country of origin). If you are skilled you can also easily recolor some parts of the tunics and clothing with markers or with acrylic colors, and a brush in the case of dark colors bases.

We recommend using 80 or 100 grams of cardboard, not thicker otherwise you will have some difficulty when cutting, and that's the optimal

Per favorire la creazione di eserciti numerosi potete utilizzare direttamente i nostri soldatini o in alternativa fotocopiarli (esclusivamente per uso personale, ogni altro diritto è escluso). I nostri fogli sono nel formato 8x10 pollici (20,3 cm x 25,4 cm). I soldatini hanno un'altezza media da 25 mm a 28 mm circa. Se si vogliono ottenere soldatini in scala diversa da quella fornita basterà ridurli o ingrandirli in scala. Consigliamo di utilizzare fotocopiatrici professionali o service che certamente offrono una migliore qualità di stampa. Le basi sono hanno misure multiple di 4 cm di lunghezza per 2 cm di altezza (1 cm nel caso di artiglieri singoli, cespugli, accessori ecc.). La lunghezza media della cavalleria è 8 cm, mentre per la fanteria si usano 4, 8 o 12 cm. Per le sezioni comando o bandiera, o comandante, la base è di 4 cm. Per l'artiglieria sono 4x4 cm.

Le uniformi nella prima metà del XVII secolo non erano codificate, ci si vestiva per così dire alla borghese con cappellacci, pantaloni e tuniche di diversi colori: marroni, grigi, verdi... Quindi marchiate le armate in modo da riconoscere i diversi eserciti (in molti casi sono già indicati per nazione di appartenenza). Se siete abili potete anche ricolorare facilmente alcune parti delle tuniche e del vestiario con pennarelli nel caso di fondi di colore chiaro, o con colori acrilici e un pennellino nel caso di base con colori scuri.

I nostri kit di soldatini ed edifici sono generalmente facili da montare. Consigliamo di utilizzare cartoncini

Paper sheets - I fogli con i modelli

Prussian infantry 1870
Fanteria prussiana 1870

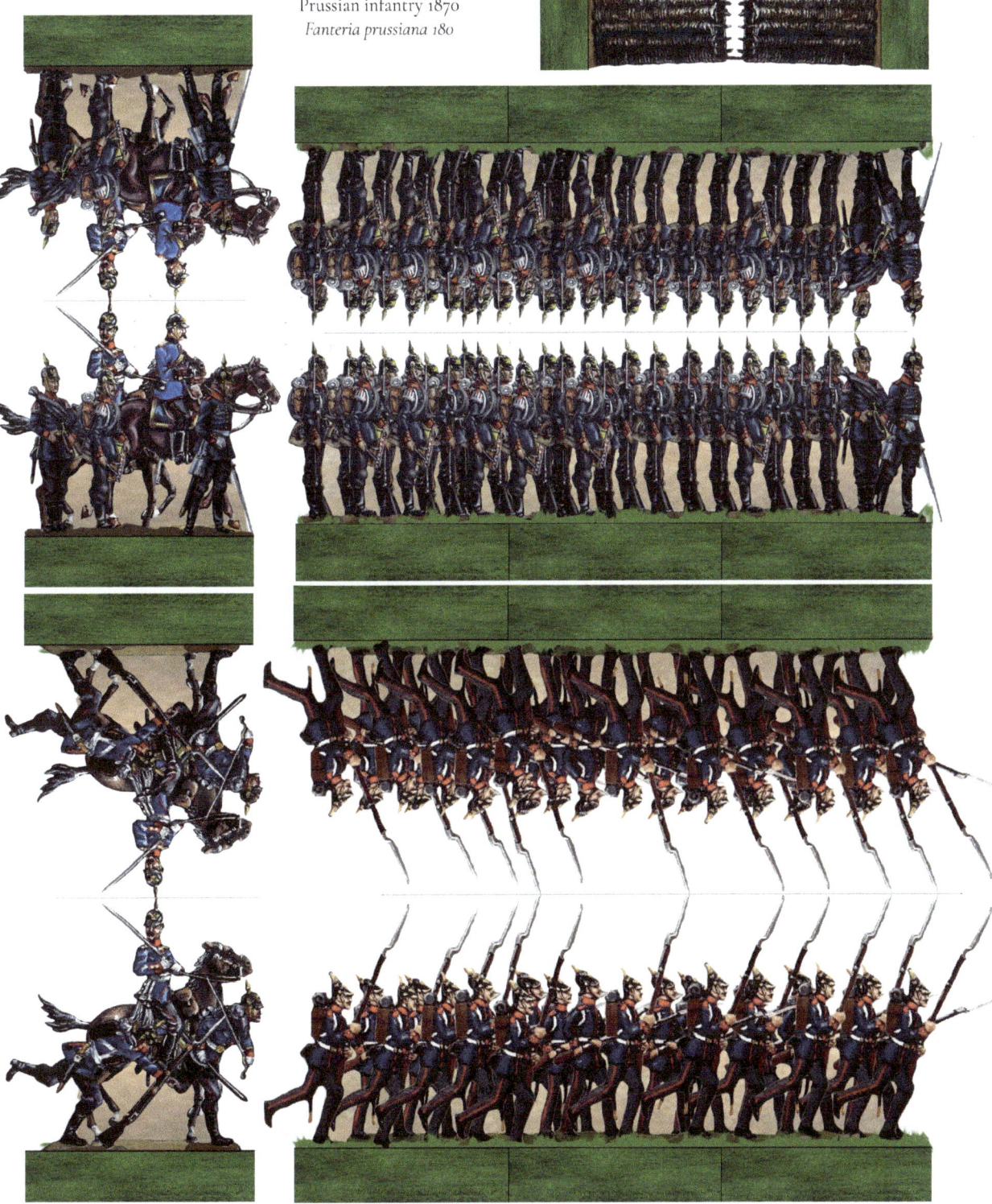

weight once the glue dries. For what concerns the glue you have many possibilities, it just depends on your experiences, Vinylic, UHU or glue stick are always indicated. As you can see, our toy soldiers are printed on both sides. This is not a real front and back, as we have chosen to show soldiers moving from right to left or vice versa and rarely in front. However, the result is superb. Each group is generally divided by a thin line that indicates the exact position in which the paper should be folded, perhaps with the help of a ruler, and then glued so to match the two parts, except the bases that should be folded 90 degrees outward. Once the glue is completely dry, weld the two semi-bases onto a heavier cardboard that gives the base its solidity. If you want you can also glue some synthetic grass to the base for an even more realistic effect. In this case we suggest to apply a thin layer of vinyl glue and pour the synthetic grass until it is welded, then blowing away the excess. Once the whole thing is fixed, we must proceed to cut the "white" parts that surround the soldiers and their weapons or flags. Use scissors or cutters for this, depending on the part you have to work with. Also remember to pay attention to the formation of units, following the instructions given in the chapter of tactics or scenarios attached to the book. Therefore, make a number of commanders, generals, command sections and flags proportional to the battalions, squadrons or batteries of cannons of which your army is formed. On the cannon bases remember to put an appropriate number of artillerymen (with base 1 cm).

Making 3D models
In our sheets we offer the possibility of making artillery pieces or carriages in 3D format. If you are not interested we also provide some solutions with "flat" models as the toy soldiers themselves. All models in 3D give a whole different look to the scene or to the diorama you create. They are obviously a bit more complex to assemble but with time you will certainly learn to overcome this obstacle. The greatest difficulties, as well as with the buildings, are with the cannons and wagons. Here you simply have to proceed step by step, welding all the parts stamped in duplicate: cutter, wheels, etc... For the canes of the cannons, use a bodkin or a nail of a certain thickness and roll

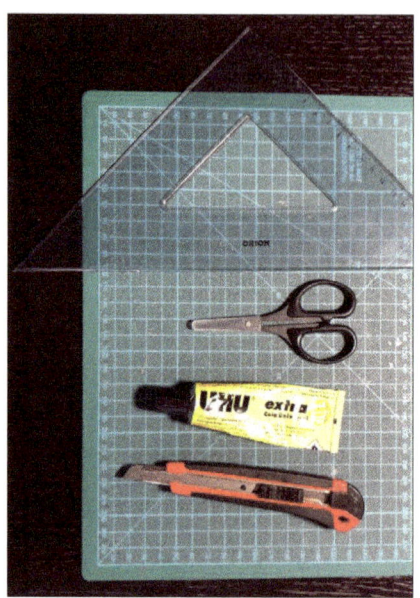
Tools & glue - Attrezzi e colla

di 150/200 grammi per metro, non più spessi altrimenti sarà più complicato tagliare tutto quanto, e in ogni caso quel peso è l'ideale una volta asciugata la colla. Per quanto riguarda il collante avete molte possibilità, Vinavil, UHU o colle stick sempre pratiche. I nostri soldatini sono stampati su due lati. Tuttavia non si tratta di un vero e proprio fronte retro, dato che abbiamo scelto di mostrare soldati in movimento da destra a sinistra o viceversa e raramente di fronte. In ogni caso il risultato è comunque superbo. Ogni gruppo è generalmente diviso da una sottile linea che indica la esatta posizione in cui la carta va piegata, magari aiutandosi con un righello, e poi incollata in modo da far combaciare le due parti, ad eccezione delle basi che invece vanno piegate di 90 gradi verso l'esterno. Una volta secca la colla saldiamo le due semi basi su un cartoncino più pesante per conferire solidità alla base. Volendo potremmo anche incollare dell'erba sintetica da modellismo alla base per un effetto ancora più realistico. In questo caso suggeriamo di stendere un leggero velo di colla vinilica e versare a pioggia l'erba sintetica finche si salda, soffiando poi via l'eccesso. Una volta saldato il tutto si procederà a tagliare le parti "bianche" che circondano i soldatini e le loro armi o le loro bandiere. Utilizzate per questo forbici o cutter a seconda della pratica che avrete sviluppato. Ricordate anche di prestare attenzione alla formazione delle unità, seguendo le indicazioni fornite nel capitolo delle tattiche o degli scenari allegati nel libro. Pertanto realizzate un numero di comandanti, generali, sezioni comando e bandiere proporzionale ai battaglioni, agli squadroni o alle batterie di cannoni da cui è formato il vostro esercito. Sulle basi dei cannoni incollate un numero adeguato di artiglieri (a base 1 cm).

Realizzare modelli in 3D
Nei nostri fogli offriamo sempre la possibilità di realizzare pezzi d'artiglieria, carriaggi, carrozze anche in formato tridimensionale, fornendo ugualmente anche alcune soluzioni con modelli "piatti" come i soldatini stessi. Tuttavia i modelli in 3D conferiscono tutto un altro aspetto alla scena o al diorama. Sono ovviamente procedimenti un po' più complessi, ma con il tempo imparerete certamente a superare anche questo ostacolo. Le maggiori difficoltà, oltre che con gli edifici, si avranno con i cannoni e con i carri. Qui dovrete semplicemente procedere passo a passo,

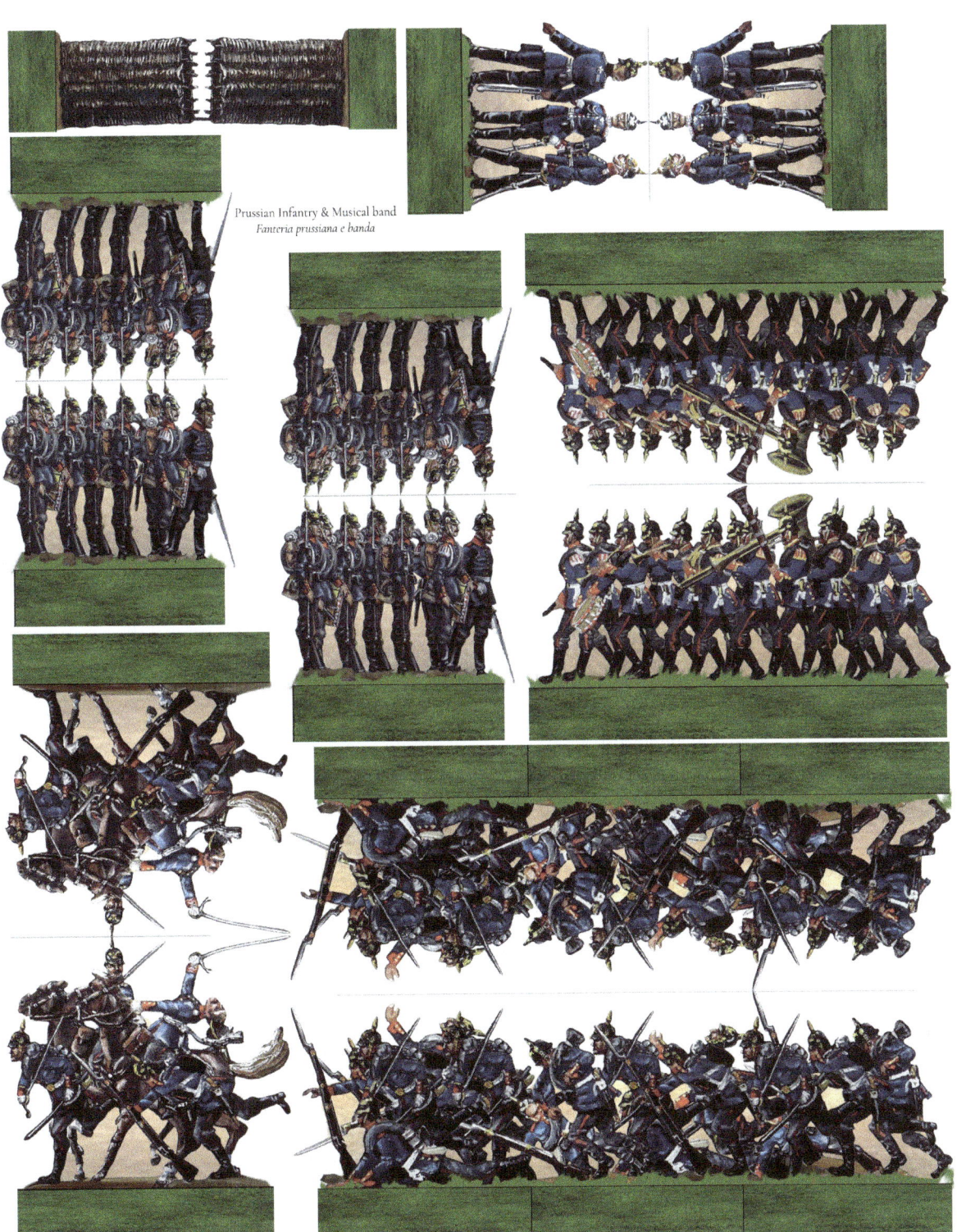

Prussian Infantry & Musical band
Fanteria prussiana e banda

the rod until you have the desired caliber, then close the ends with the drawings of the breech and the mouth of the cannon. Once the glue has dried, it is time to add the metal rims to the wheels of the cannons and the bands to the frames. Then assemble the piece with the various parts of which it is composed: the shaft, the connecting axes, the wheels and the barrel of the cannon. Finally, the ammunition box. In the same way, proceed to assemble the wagons. For the towing you can decide, if the design of the subject allows it, to make two lines of horses that pull the pieces or wagons. In this case, you should reduce the internal width of the bases of the horses, so to appear proportionate to the piece or wagon that they will have to pull.
For artillery gabions, you will find models in two or three dimensions. In the case of the 3D, roll up the gabion until it matches the two extremes. Glue the white tab, then proceed to insert the cover from above and weld everything on the base to the ground, slightly wider.

Build trees & accessories for dioramas

The process is quite simple. It is better to use slightly thicker cards in this case, avoiding vinyl glues that with their watery base would make the assembly a bit complicated. Given the almost total presence of straight lines, the buildings should be cut with ruler and cutter. We always suggest to use new blades and to cut the lines several times, considering the thickness of the cardboard. Once the walls and perimeters have been cut, proceed to fold all the white tabs 90°. Once obtained the corners you will then proceed to fix the various parts to the white tabs. The diagrams provided in the various pages will certainly help you to understand how to proceed in the assembly. Once the structure is assembled, add all the details such as windows, doors, recesses, etc... Finally, to make the building balance, draw wider base. You can colour the visible part of this base in ground colour and the building is ready. For trees and vegetation proceed in the usual way of toy soldiers and bushes in 2D. Otherwise you can use the same design several times to create trees on three or even four faces in perfect 3D style!

saldando prima di tutto tutte le parti stampate in doppio: affusto e ruote. Per le canne dei cannoni munitevi di un punteruolo o di un chiodo di un certo spessore, e arrotolate la canna fino ad ottenere il calibro desiderato; chiudete poi le estremità con i disegni della culatta e la bocca del cannone. Una volta secca la colla è il momento di aggiungere i cerchioni in metallo alle ruote dei cannoni, e le fasce agli affusti. Assemblate poi il pezzo con le varie parti di cui è composto: affusto, assi di congiunzione, ruote e canna del cannone. Infine la scatola delle munizioni. Allo stesso modo procedete nel montaggio dei carriaggi. Per i traini potete decidere, se il disegno del soggetto ve lo consente, di fare due linee di cavalli che trainano i pezzi o i carri. In questo caso abbiate cura di ridurre la larghezza interna delle basi dei cavalli da tiro in modo da apparire proporzionati al pezzo o al carro che dovranno trainare.
Per i gabbioni d'artiglieria, anche qui avrete a disposizione modelli a due o tre dimensioni. Nel caso del 3D, arrotolate il gabbione fino a farlo combaciare con le due stremità. Incollate la linguetta bianca, poi procedete ad inserire il coperchio dall'alto e a saldare il tutto sulla base a terra, leggermente più larga.

Costruire edifici, alberi e accessori per i diorami

Il procedimento è abbastanza semplice. È meglio utilizzare in questo caso cartoncini leggermente più spessi, evitando colle viniliche che con la loro base acquosa renderebbero il montaggio un po' complicato. Vista la pressoché totale presenza di linee dritte, gli edifici vanno ritagliati con righello e cutter. Consiglio di usare sempre lame nuove e di incidere più volte le linee, visto lo spessore del cartoncino. Una volta tagliate le pareti e i perimetri, procediamo alla piega di tutte le linguette bianche di 90 gradi. Ottenuti gli angoli andranno fissate le varie parti alle linguette bianche. Gli schemi forniti nelle varie pagine vi aiuteranno senz'altro a comprendere come procedere nell'assemblaggio. Una volta montata la struttura aggiungete tutti i particolari come finestre, porte, abbaini e rientranze. Infine, per stabilizzare il tutto, disegnate una base dalla larghezza appena superiore a quella dell'edificio. Potrete colorare la parte visibile di questa base in color terra e l'edificio sarà pronto. Per alberi e vegetazioni procedete nella solita maniera dei soldatini bidimensionali. Altrimenti potrete usare più volte lo stesso disegno per creare alberi su tre o anche quattro facce in perfetto stile 3D!

Engrave and cut - Incidi e taglia

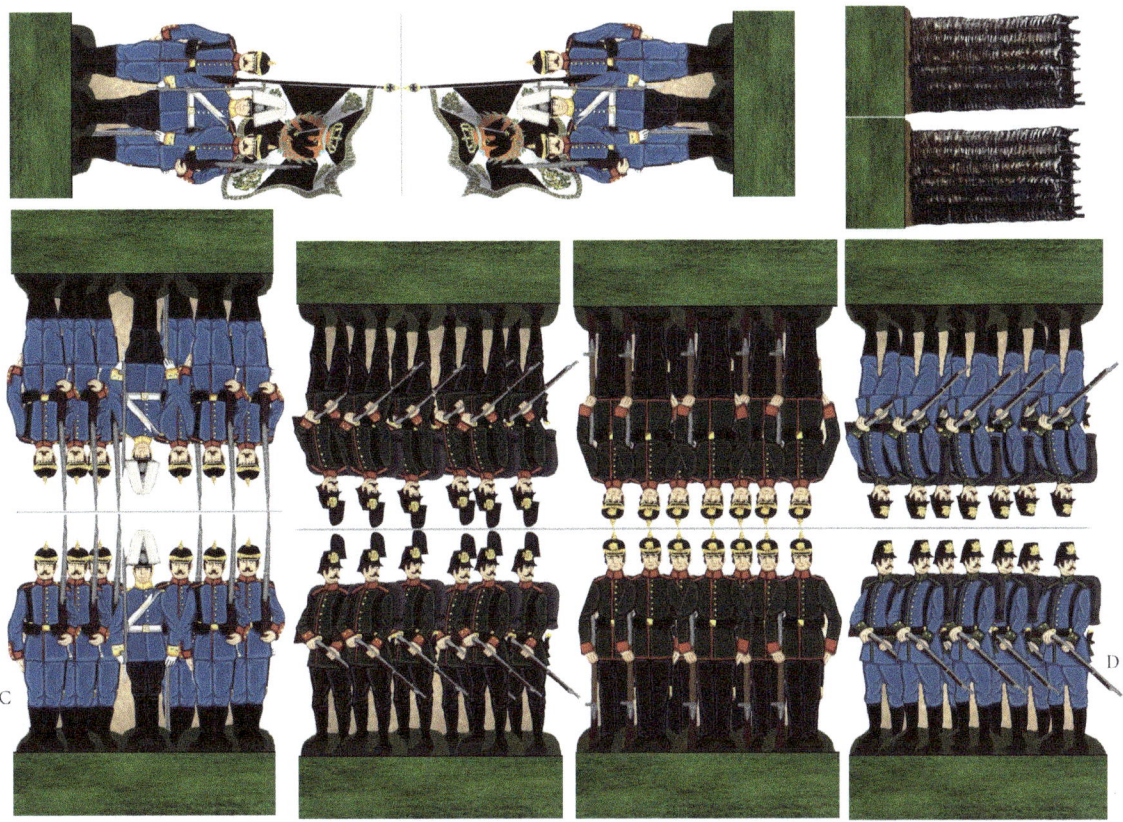

Prussian Infantry: A parade dress, B campaign dress, C Saxon infantry and chasseur, D Bavarian infantry and chasseur, Prussian officer and standarbearer
Fanteria prussiana: A n parata, B n campagna, C cacciatori e fanteria sassone, D cacciatori e fanteria bavarese, Staff portabandiera

THE FRENCH PRUSSIAN WAR OF 1870-1871
L'EPOPEA DELLA GUERRA FRANCO PRUSSIANA DEL 1870

The Franco-Prussian War lasting from 19 July 1870 to 28 January 1871, the conflict was caused by Prussian ambitions to expand German unification and French fears of the shift in the European balance of power that would result if the Prussians succeeded. French forces invaded German territory on 2 August. The German coalition mobilised its troops much more effectively than the French and invaded northeastern France on 4 August. The German forces were superior in numbers, had better training and leadership and made more effective use of modern technology, particularly railways and artillery.

A series of swift Prussian and German victories in eastern France, culminating in the Siege of Metz and the Battle of Sedan, saw French Emperor Napoleon III captured and the army of the Second Empire decisively defeated. France declared the Third French Republic in Paris and continued the war for another five months; the German forces fought and defeated new French armies in northern France. The capital of Paris was besieged, and fell on 28 January 1871.

The German states proclaimed their union as the German Empire under the Prussian king Wilhelm I, finally uniting most of Germany as a nation-state (Austria was excluded). The Treaty of Frankfurt of 10 May 1871 gave Germany most of Alsace and some parts of Lorraine, which became the Imperial territory of Alsace-Lorraine (Reichsland Elsaß-Lothringen). The German conquest of France and the unification of Germany upset the European balance of power that had existed since the Congress of Vienna in 1815, and Bismarck maintained great authority in international affairs for two decades.

La guerra franco-prussiana fu combattuta dal 19 luglio 1870 al 10 maggio 1871 tra la Francia e la Prussia alleata con i regni tedeschi del sud di Baden, Baviera e Württemberg.

Il conflitto segnò l'esplodere della tensione tra le due potenze, andata accrescendosi in seguito al fallimento del progetto di Napoleone III di annessione del Lussemburgo, evento che causò la fine di un rapporto relativamente bilanciato con la Prussia di Otto von Bismarck. I contrasti si erano fatti più accesi a causa della crescente influenza, per nulla tollerata da Parigi, esercitata dalla Prussia sugli Stati tedeschi a sud del fiume Meno appartenenti all'ex Confederazione germanica e del ruolo guida prussiano esercitato all'interno della Confederazione della Germania del Nord, creata nel 1867 dopo la vittoria prussiana nella guerra contro l'Impero austriaco.

La guerra franco-prussiana fu il più importante conflitto combattuto in Europa tra l'epoca delle guerre napoleoniche e la prima guerra mondiale, e si concluse con la completa vittoria della Prussia e dei suoi alleati. La conseguenza più rilevante fu la creazione dell'Impero tedesco, che mantenne un ruolo di grande autorevolezza nelle relazioni politiche internazionali dei decenni successivi.

La débâcle francese determinò anche la fine del Secondo impero di Napoleone III e, con il crollo di questo, la temporanea subalternità del ruolo francese rispetto alle altre potenze del consesso europeo. La fine del periodo imperiale significò per la Francia l'inizio di un regime repubblicano, che - per dimensioni ed influenza - divenne il più importante tra quelli allora esistenti nel continente.

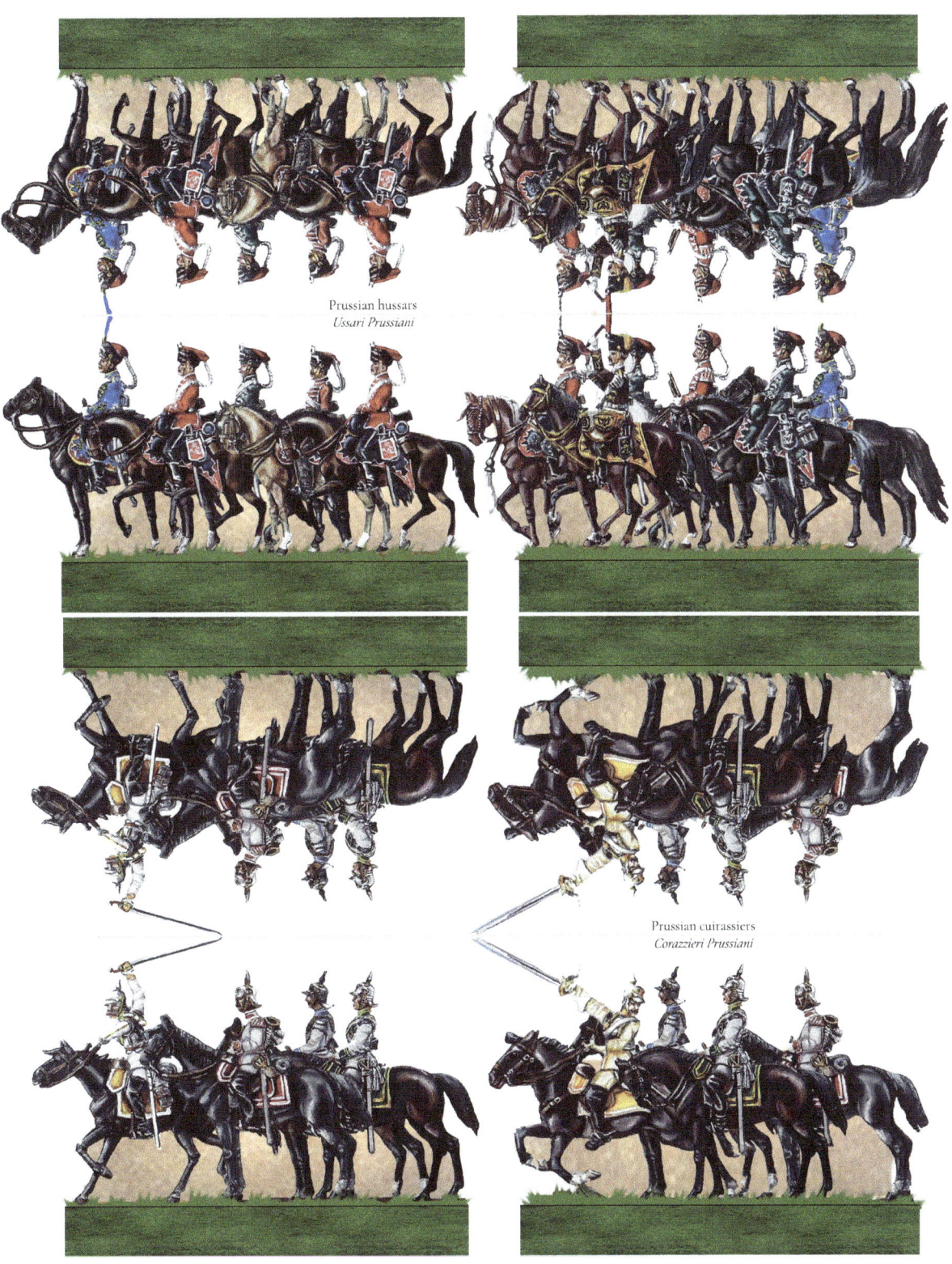

Prussian hussars
Ussari Prussiani

Prussian cuirassiers
Corazzieri Prussiani

RULES FOR THE GAME OF THE 1870-1871 WAR

The soldiers: those provided in our book are in a 25/28 mm (1/72) scale. You can play wargames with soldiers of different sizes. The choice depends on the player's preferences: the bigger the miniature, more details are required. The scales usually used for wargame are: 15 mm, 20 mm and 25/28 mm. Acting on the scale of the copier you can easily set the figures in the other sizes of 20 mm or 15 mm. The toy soldiers are placed on bases of 4, 8 or 12 cm. In some cases they are on a base of 2 cm(crews of guns, tank drivers, etc.) while rarely they stay on a base of 6 cm. If you choose different measures, make sure to calculate the size indicated in the rules accordingly.

Each 8 cm cavalry base includes 4 to 6 units (toy soldiers). The command base includes 1 or 2 units. Each 12 cm long infantry base counts from 12 to 25 units. The infantry base generally has 4 units. Commanders and single flags count one unit. Each artillery base has one gun and 3 to 5 units. The same applies to wagons.

Formations:

There are only two formations for regular infantry - line and column. The names of these formations can be very confusing for some people. A good tip & tricks are named the formations "firing line" (like a firing squad), and "marching column." Lines may be single or double rank, and may bend. Columns are single company. Units may change formation at the start or end of their movement, but can only change formation once per turn. Cannons units don't have formations.

Deployment:

The armies of the time generally sided with infantry in the middle and cavalry on their wings. The artillery cannons were placed in the front line and also around the regimental formations.

Game sequence:

Roll of dice to know who has the right to move first. Only six-sided dice are used in the game.
1. Movement of the first player's soldiers (A)
2. Player A shoots
3. Movement of the second player's soldiers (B)
4. Player B shoots
5. Melee

Movement:

Regular Infantry can move 15 cm (6") if they are in line formation or 25 cm (10") if they are in column formation. Cavalry and Commanders may move 30 cm (12"). Cannons

REGOLE PER IL GIOCO DELLA GUERRA DEL 1870

I soldatini: quelli forniti nel nostro libro sono nella scala in 25/28mm (1/72). A wargame si può giocare con soldatini di diverse dimensioni. La scelta, ovviamente, dipende dai gusti del giocatore: più la miniatura è grande e maggiori sono i dettagli richiesti. Le scale solitamente usate per il wargame sono: il 15mm, il 20mm, il 25/28mm. Agendo sulla scala della fotocopiatrice potrete facilmente quindi scalare le figura anche nelle altre misure di 20 o 15mm. I soldatini sono posti su basi di 4, 8 o 12 cm. In alcuni casi sono su base di 2 (equipaggi dei cannoni, conducenti carri ecc.) in altri rari casi su basi di 6 cm. Nel caso scegliate misure diverse, calcolate le misure indicate nelle regole di conseguenza. Ogni base di cavalleria 8cm conta da 4 a 6 unità (soldatini). La base comando 1 o due unità. Ogni base di fanteria lunga 12cm conta da 12 a 25 unità. la base comando di fanteria generalmente su 4 unità. Comandanti e bandiere singole contano una unità. Ogni base di artiglieria conta un cannone e da 3 a 5 unità. Idem per i carriaggi.

Formazioni:

Ci sono solo due formazioni per la fanteria regolare: in linea o in colonna. I nomi di queste formazioni possono confondere qualcuno meno esperto. Un buon trucco che permettere di capire meglio è definirli: formazioni "linea di fuoco" e formazioni "colonna in marcia". Le linee possono essere a fila singola o doppia e possono piegarsi. Le colonne sono una singola fila. Le unità possono cambiare formazione all'inizio o alla fine del loro movimento, ma possono cambiare formazione solo una volta per turno. Le unità di artiglieria non hanno formazioni.

Dispiegamento:

Gli eserciti dell'epoca si schieravano generalmente con la fanteria al centro e la cavalleria sulle ali. I cannoni erano posizionati in prima linea e anche attorno alle formazioni reggimentali.

Sequenza di gioco:

Lancio di dadi per sapere chi ha il diritto a muovere per primo. Nel gioco vengono utilizzati solo dadi a sei facce.
1. Movimento dei soldati del primo giocatore (A)
2. Il giocatore A tira
3. Movimento dei soldati del secondo giocatore (B)
4. Il giocatore B spara
5. Mischia

Movimento:

La fanteria regolare può muovere di 15 cm (6") se in linea o di 25 cm (10") se posta in colonna. Cavalleria e comandanti possono muovere di 30 cm (12"). I cannoni possono muo-

Prussian ulans (lancers)
Ulani (lancieri) Prussiani

Prussian hussars
Ussari Prussiani

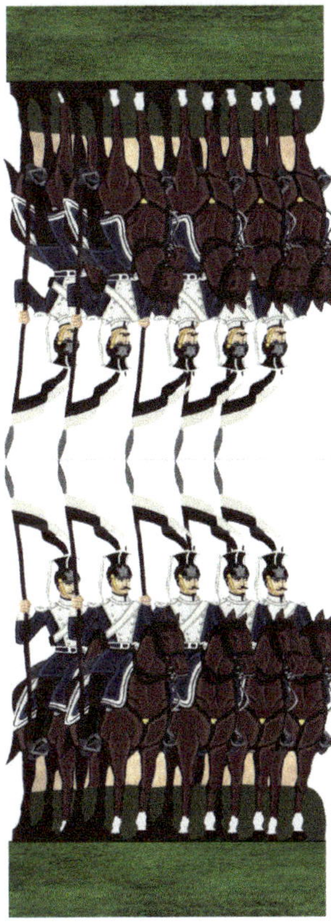

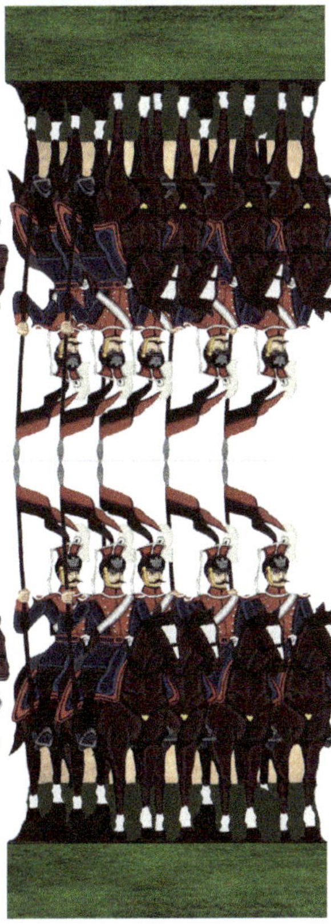

can move 30 cm (12") but may not fire on a turn when it was moved. A cannon which has moved and cannot fire should point away from the enemy. Cannons can pivot in place during movement and still fire. Units may not move within 2,5 cm (1") of an enemy unit except when charging. Cavalry can not move into the woods or built up areas.

Fire:
Infantry that are in line formation and artillery that didn't move this turn may fire. Range is measured from the center of a unit to the nearest part of the target unit. Units may only fire to the front and may not fire through narrow gaps between friendly units. Roll one die per infantry base or four dice per cannon. The chart indicates the number needed for a hit. Remove one base for each hit rolled by the firing unit. It takes three hits in the same turn to remove a cannon. Note that you only use the 1" firing column when shooting at a charging unit. If a unit is reduced to a single surviving base then the last base is immediately removed. Units in column are good targets. Roll two extra dice when shooting at columns. Targets in the woods or built up areas receive protection from enemy fire. Units in the woods that are shot at by enemy infantry get saving throws. Roll 1D6 for each hit, ignore the hit if the saving roll is a 5 - 6. There are no saves against cannon fire from within the woods. Units in the built up areas are protected from infantry and cannon fire. Roll 1D6 for each hit, ignore the hit if the saving roll is a 5 - 6. Cannons and cavalry are not allowed into the woods.

Charges:
Both units (infantry & cavalry) may charge during the charge phase. Cavalry can charge 30 cm (12"), infantry can charge 15 cm (6"). Cannons do not charge. A unit may not declare a charge unless it is in line formation and can reach an enemy unit.. A player may measure to see if a unit is within charge range. One enemy unit must be chosen as the target of the charge. A unit that wishes to charge must first pass a morale check. If the unit fails moral nothing happens, it cannot charge this turn. If the unit passes its morale check then the target must pass a morale check. If the target fails it loses one base and immediately retreats 30 cm (12"), the charging unit is moved into the position vacated by the retreating target unit. If artillery is the target and it fails morale it is eliminated. If the target passes the morale check it has the option of firing at the chargers or counter charging. If the unit counter charges the two units meet in the middle and fight a melee. If the target decides to fire at the chargers it does so at a range of 15 cm (6"). If the charging unit survives the fire it moves into contact with the target and they fight a melee.

Fuoco:
La fanteria in formazione di linea e l'artiglieria che non si è mossa in un turno possono sparare. Il raggio viene misurato dal centro di un'unità alla parte più vicina dell'unità bersaglio. Le unità possono sparare solo in avanti e non possono sparare attraverso spazi ristretti tra unità amiche. Tira un dado per base di fanteria o quattro dadi per cannone. Nella tabella a Pag. 11 sono riportati i valori necessari. Rimuovi una base per ogni colpo andato a segno. Ci vogliono tre colpi utili nello stesso turno per rimuovere un cannone. Se un'unità viene ridotta a una singola base, questa base viene immediatamente rimossa. Le unità poste in colonna sono ottimi obiettivi. Lancia due dadi extra quando spari alle colonne. I bersagli nei boschi o nelle aree costruite ricevono protezione dal fuoco nemico: le unità nei boschi colpite dalla fanteria nemica possono fare tiri salvezza. Tira 1 dado per ogni colpo, ignora il colpo se il tiro salvezza è 5 - 6. Non ci sono protezioni contro il fuoco dei cannoni all'interno del bosco. Le unità nelle aree costruite sono invece protette dalla fanteria e dal fuoco dei cannoni. Tira 1 dado per ogni colpo, ignora il colpo se il tiro salvezza è un 5 - 6. Cannoni e cavalleria non sono ammessi nei boschi.

Cariche:
Entrambe le unità di fanteria e cavalleria possono caricare durante la fase di carica. La cavalleria può caricare entro 30 cm (12 "), la fanteria può caricare entro 15 cm (6").
I cannoni non caricano. Un'unità non può dichiarare una carica a meno che non sia in formazione in linea e si trovi nel raggio di un'unità nemica. Un giocatore può misurare per vedere se un'unità si trova nel raggio di carica. Un'unità nemica deve essere scelta anticipatamente come bersaglio della carica. Un'unità che desidera caricare deve prima passare un controllo del morale. Se l'unità fallisce il morale non succede nulla ma non può caricare in questo turno.
Se l'unità passa il controllo del morale, il bersaglio deve a sua volta passare un controllo del morale. Se il bersaglio fallisce perde una base e si ritira immediatamente di 30 cm (12 "), l'unità che carica viene spostata nella posizione lasciata libera dall'unità bersaglio in ritirata. Se una unità di artiglieria è il bersaglio e fallisce il morale viene eliminata. Se il bersaglio supera il controllo del morale ha la possibilità di sparare ai chi carica o di fare una contro carica! Se si opta per una contro carica le due unità si incontrano e

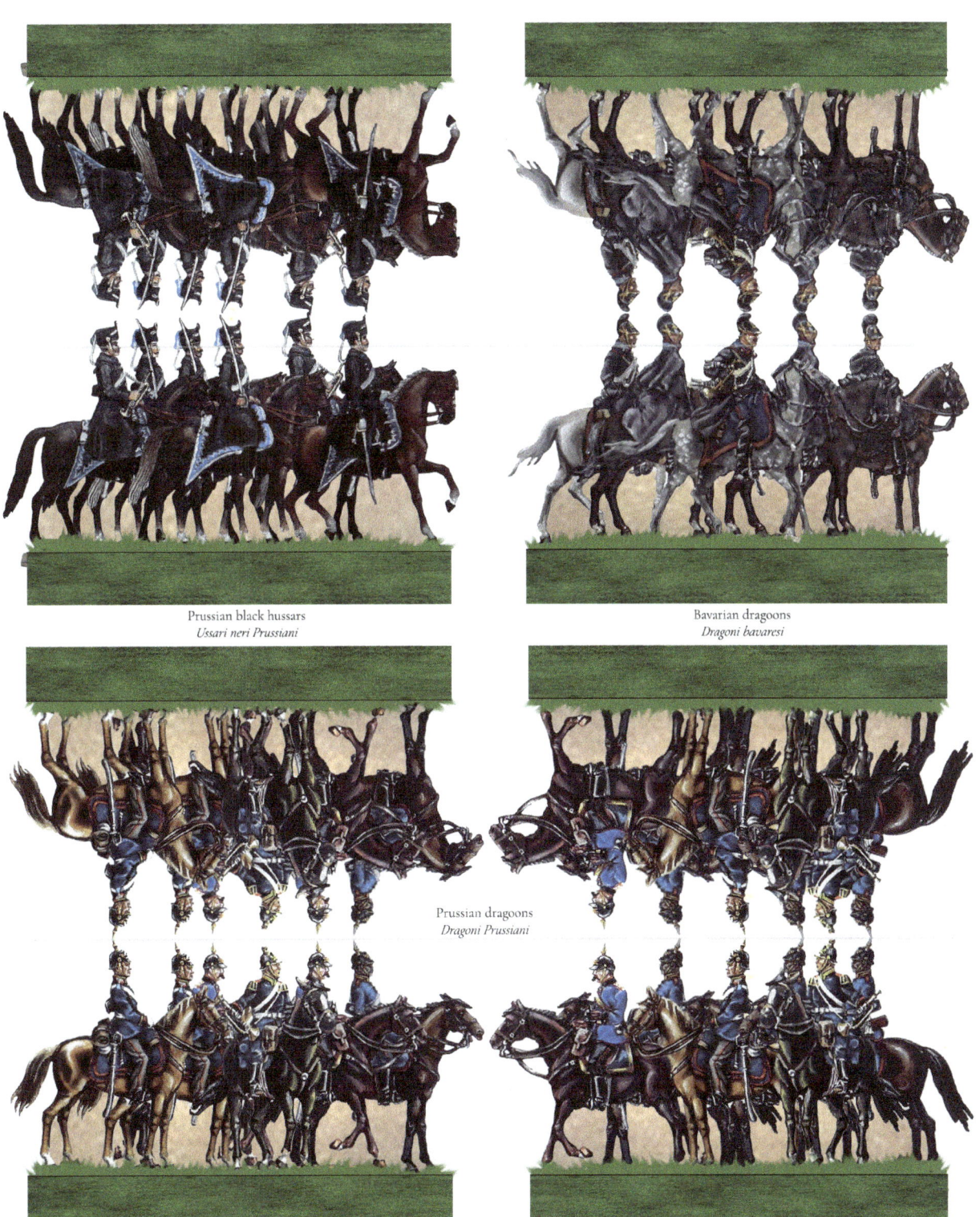

Prussian black hussars
Ussari neri Prussiani

Bavarian dragoons
Dragoni bavaresi

Prussian dragoons
Dragoni Prussiani

If a unit has to take a morale check Roll one die and add any modifiers. If the roll is less than or equal to the number of bases (plus a commander if one is present), then it has passed. If the role is greater then it fails. Cannons pass on a roll of four. If the target is a Guard's unit or cavalry calculate a -1 to dice result.

Melee:
If a charging unit contacts an enemy unit there will be a melee. Each side rolls a die and applies the modifiers. High roll wins. The loser removes a stand and retreats 30 cm (12"). If the roll is a tie each side removes a stand and rolls again. A cannon counts as three bases in melee.

Commanders:
A Commander may join or leave one of his units during movement. This unit gets a +1 bonus on all melee rolls and the officer counts as a base when testing morale. Every time a unit with an attached commander is completely eliminated by enemy fire (last base removed), or is engaged in a melee (win or lose) roll one die. If the roll is a 6 the commander is a casualty and is removed from play. This is the only way a commander can be eliminated.

Bibliography and web sources:
- Baldick, Robert (1974). The Siege of Paris. London: London New English Library.
- Barry, Quintin (2009a). The Franco-Prussian War 1870–71. 1 The Campaign of Sedan. Solihull: Helion & Company.
- Brown, Frederick (2010). For the Soul of France: Culture wars in the age of Dreyfus. New York: Knopf.
- Milza, Pierre (2009). L'Année terrible. 1: La Guerre franco-prussienne, septembre 1870 – mars 1871. Paris: Perrin.
- Varley, Karine (2008b). Under the shadow of defeat : the war of 1870–71 in French memory. Basingstoke: Palgrave Macmillan.
- Ollier, Edmund (1883). Cassell's History of the war between France and Germany, 1870–1871

Alternative Italian and English rules:
- Basic Impetus 2.0, Dadi e piombo, by L. Sartori. www.dadiepiombo.com
- Rasenna wargame rules by Riccardo Affinati see his page: https://www.facebook.com/notes/rasenna-italia/rasenna-le-varie-espansioni/713454012431211/

combattono una mischia. Se il bersaglio decide invece di sparare ai caricanti, lo fa a calcolando gli effetti di una distanza di 15 cm (6"). Se l'unità che carica sopravvive al fuoco nemico i due avversari combattono una mischia.
Se un'unità deve subire un controllo morale, tira un dado e aggiungi eventuali valori di modifica. Se il tiro è inferiore o uguale al numero di basi impegnate (più un comandante se presente), allora il morale è passato. Se tiro del dado è maggiore, allora fallisce. I cannoni passano un tiro di quattro. Se il bersaglio è un'unità della Guardia o di cavalleria calcolare un risultato di -1 per calcolare il morale..

Mischia:
Se un'unità in carica contatta un'unità nemica si ha una mischia. Ogni giocatore lancia un dado e applica i valori modificatori in tabella a pag. 11. Vince il tiro alto. Il perdente rimuove un supporto e si ritira di 30 cm (12"). Se il tiro è un pareggio, ogni giocatore rimuove un supporto e tira di nuovo il dado. Un cannone conta come tre basi in mischia.

Comandanti:
Un comandante può unirsi o lasciare una delle sue unità durante il movimento. Questa unità ottiene un bonus di +1 su tutti i tiri di mischia e l'ufficiale conta come base quando prova il morale. Ogni volta che un'unità con un comandante viene attaccato e viene poi completamente eliminata dal fuoco nemico (ultima base rimossa), o viene ingaggiata in una mischia (vinci o perdi) tira un nuovo dado. Se il tiro è 6, il comandante è colpito e viene rimosso dal gioco. Questo è l'unico modo per eliminare un comandante.

Bibliografia e risorse web:
- Otto von Bismarck, Pensieri e ricordi, vol. II, Milano, Treves, 1922,
- John Breuilly, La formazione dello stato nazionale tedesco, Bologna, Il Mulino, 2004,
- Franco Cardini, Napoleone III, Palermo, Sellerio, 2010
- Stephen Badsey, The Franco-Prussian War 1870-1871, Osprey Publishing, 2003

Regole alternative in italiano e inglese:
- Basic Impetus 2.0 edito da dadi e piombo. L.Sartori. www.dadiepiombo.com
- Regolamento wargame Rasenna a cura di Riccardo Affinati alla pagina: https://www.facebook.com/notes/rasenna-italia/rasenna-le-varie-espansioni/713454012431211/

Prussian artillerymen and lancers
artiglieri e lancieri prussiani in sosta

Prussian Artillery 1870
Elementi d'artiglieria prussiana 1870

WARGAME TABLES

Movements overview	
Unit	Movement
Cavalry and Commanders	30 cm (12")
Infantry in line	15 cm (6")
Infantry in column	25 cm (10")
Cannons	30 cm (12")

Shooting range overview			
Unit	Range	Dice per Stand	To Hit
Infantry & Cavalry	Just 15 cm (6")	1	5 or 6
Infantry	Just to 30 cm (12")	1	6
Cannons	Just 15 cm (6")	4	4, 5 or 6
Cannons	Just to 30 cm (12")	4	6
If the target is in column add two dice			

Melee die roll modifiers	
Unit	
Defending built area, More stands than opponent	+1
Commanders, Guard infantry, cavalry	+1
Cannon or column formations	-1

TABELLE WARGAME

Riepilogo movimenti	
Unità	Movimenti
Cavalleria e comandanti	30 cm (12")
Fanteria in linea	15 cm (6")
fanteria in colonna	25 cm (10")
Cannoni	30 cm (12")

Riepilogo tiro-fuoco			
Unità	Distanza	Dado da sei	Colpito con
Fanteria e Cavalleria	fino a 15 cm (6")	1	5 o 6
Fanteria	fino a 30 cm (12")	1	6
Cannoni	fino a 15 cm (6")	4	4, 5 o 6
Cannoni	fino a 30 cm (12")	4	6
Se il bersaglio è una colonna di fanteria raddoppiare il tiro dei dadi			

Riepilogo mischia - modifiche al risultato dei dadi	
Unità	
Difensori in edifici, maggiori unità dell'avversario	+1
Comandanti, Guardia o cavalleria	+1
Cannoni o formazioni in colonna	-1

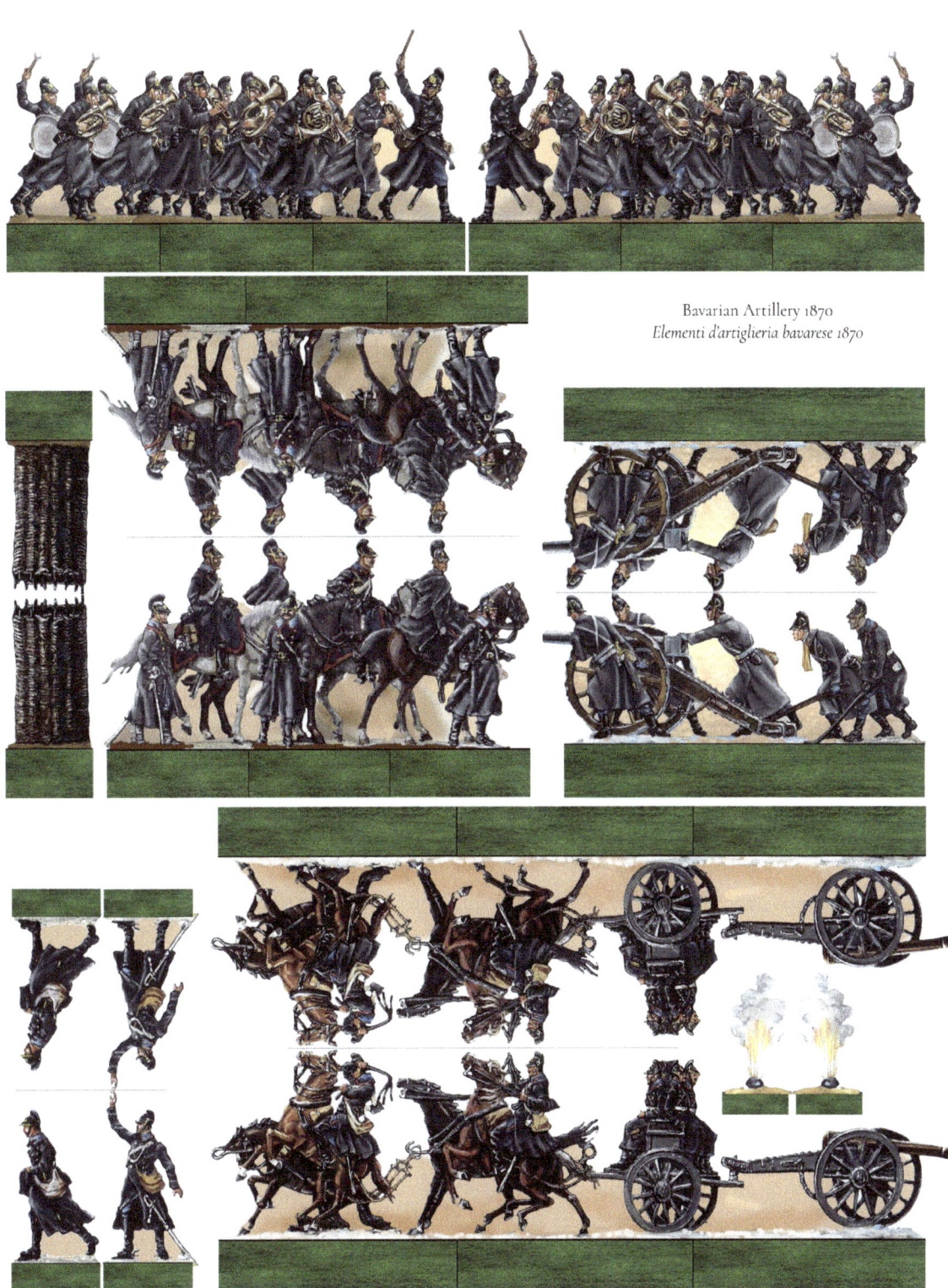

Bavarian Artillery 1870
Elementi d'artiglieria bavarese 1870

1870 ARMY LIST AND COMMENTS
GLI ESERCITI FRANCESI E TEDESCHI NEL 1870

THE GERMAN ARMY

The German army comprised that of the North German Confederation led by the Kingdom of Prussia, and the South German states drawn in under the secret clause of the preliminary peace of Nikolsburg, 26 July 1866, and formalised in the Treaty of Prague, 23 August 1866.

Recruitment and organisation of the various armies were almost identical, and based on the concept of conscripting annual classes of men who then served in the regular regiments for a fixed term before being moved to the reserves. This process gave a theoretical peace time strength of 382,000 and a wartime strength of about 1,189,000.

German tactics emphasised encirclement battles like Cannae and using artillery offensively whenever possible. Rather than advancing in a column or line formation, Prussian infantry moved in small groups that were harder to target by artillery or French defensive fire. The sheer number of soldiers available made encirclement en masse and destruction of French formations relatively easy.

The army was equipped with the Dreyse needle gun renowned for its use at the Battle of Königgrätz, which was by this time showing the age of its 25-year-old design.

The rifle had a range of only 600 m (2,000 ft) and lacked the rubber breech seal that permitted aimed shots.

The deficiencies of the needle gun were more than compensated for by the famous Krupp 6-pounder (3 kg) steel breech-loading cannons being issued to Prussian artillery batteries. Firing a contact-detonated shell, the Krupp gun had a longer range and a higher rate of fire than the French bronze muzzle loading cannon, which relied on faulty time fuses.

The Prussian army was controlled by the General Staff, under Field Marshal Helmuth von Moltke. The Prussian army was unique in Europe for having the only such organisation in existence, whose purpose in peacetime was to prepare the overall war strategy, and in wartime to direct operational movement and organise logistics and communications. The officers of the General Staff were hand-picked from the Prussian Kriegsakademie (War Academy). Moltke embraced new technology, particularly the railroad and telegraph, to coordinate and accelerate mobilisation of large forces.

THE FRENCH ARMY

The French Army consisted in peacetime of approximately

L'ESERCITO TEDESCO

L'esercito tedesco comprendeva quello della Confederazione della Germania del Nord guidata dal Regno di Prussia e gli stati della Germania del Sud attratti dalla clausola segreta della pace preliminare di Nikolsburg, il 26 luglio 1866 e formalizzati nel Trattato di Praga, 23 agosto 1866.

Il reclutamento e l'organizzazione dei vari eserciti erano quasi identici e si basava sul concetto di arruolare classi annuali di uomini che poi prestavano servizio nei reggimenti regolari per un periodo determinato prima di essere trasferiti nelle riserve. Questo processo ha fornito una forza teorica di tempo di pace di 382.000 e una forza di guerra di circa 1.189.000 soldati.

La tattica tedesca enfatizzò parecchio le battaglie di accerchiamento come quella combattuta a Canne e l'uso offensivo dell'artiglieria quando possibile. Invece di avanzare nella formazione di una colonna o di una linea, la fanteria prussiana si muoveva in piccoli gruppi che erano più difficili da colpire dall'artiglieria o dal fuoco difensivo francese. L'alto numero di soldati disponibili ai generali prussiani ha reso relativamente facile l'accerchiamento in massa e la distruzione delle formazioni francesi.

L'esercito era equipaggiato con il buon fucile Dreyse famosa per il suo uso nella battaglia di Königgrätz (Sadowa), che tuttavia a quel tempo mostrava tutta l'età del suo disegno datato 25 anni. Il fucile aveva un raggio di soli 600 m e mancava del sigillo di culatta di gomma che permetteva colpi mirati. Le carenze del Dreyse furono più che compensate dai famosi cannoni in acciaio Krupp da 6 libbre (3 kg) che venivano utilizzati dalle batterie di artiglieria prussiane. Sparando un proiettile detonato per contatto, il cannone Krupp aveva un raggio più lungo e una rapidità di fuoco più alto rispetto al classico cannone bronzeo francese, che fra l'altro si basava su micce difettose.

L'esercito prussiano era controllato dallo Stato Maggiore, diretto dal maresciallo di campo Helmuth von Moltke. L'esercito prussiano era unico in Europa per organizzazione, il cui scopo in tempo di pace era preparare la strategia di guerra generale e in tempo di guerra dirigere il movimento operativo e organizzare la logistica e le comunicazioni. Gli ufficiali dello stato maggiore furono scelti uno a uno dalla prussiana Kriegsakademie (Accademia di guerra). Moltke seppe anche ben utilizzare le nuove tecnologie, in particolare la ferrovia e il telegrafo, per coordinare e accelerare la mobilitazione di grandi forze.

Prussian Major staff: kronpriz Albert and Bismarck
Stato maggiore prussiano: al centro il kronpriz Albert e Bismarck

Prussian Major staff: kaiser Whilem and on Moltke
Stato maggiore prussiano: a sinistra il kaiser Giglielmo e von Moltke

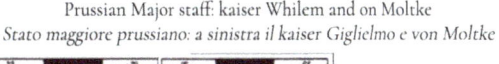

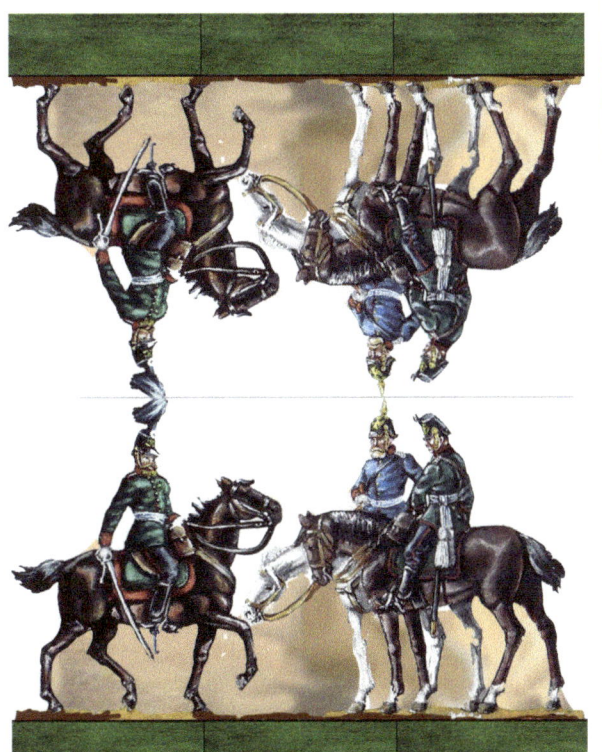

Prussian Major staff: officers
Stato maggiore prussiano: vari ufficiali

400,000 soldiers, some of them regulars, others conscripts who until 1869 served the comparatively long period of seven years with the colours. Some of them were veterans of previous French campaigns in the Crimean War, Algeria, the Franco-Austrian War in Italy, and in the Mexican campaign. However, following the "Seven Weeks War" between Prussia and Austria four years earlier, it had been calculated that the French Army could field only 288,000 men to face the Prussian Army when potentially 1,000,000 would be required. Under Marshal Adolphe Niel, urgent reforms were made. Universal conscription (rather than by ballot, as previously) and a shorter period of service gave increased numbers of reservists, who would swell the army to a planned strength of 800,000 on mobilisation. Those who for any reason were not conscripted were to be enrolled in the Garde Mobile, a militia with a nominal strength of 400,000. However, the Franco-Prussian War broke out before these reforms could be completely implemented. The mobilisation of reservists was chaotic and resulted in large numbers of stragglers, while the Garde Mobile were generally untrained and often mutinous.

French infantry were equipped with the breech-loading Chassepot rifle, one of the most modern mass-produced firearms in the world at the time, with 1,037,555 available in French inventories. With a rubber ring seal and a smaller bullet, the Chassepot had a maximum effective range of some 1,500 metres (4,900 ft) with a short reloading time. French tactics emphasised the defensive use of the Chassepot rifle in trench-warfare style fighting—the so-called feu de bataillon. The artillery was equipped with rifled, muzzle-loaded La Hitte guns. The army also possessed a precursor to the machine-gun: the mitrailleuse, which could unleash significant, concentrated firepower but nevertheless lacked range and was comparatively immobile, and thus prone to being easily overrun. The mitrailleuse was mounted on an artillery gun carriage and grouped in batteries in a similar fashion to cannon.

The army was nominally led by Napoleon III, with Marshals François Achille Bazaine and Patrice de Mac-Mahon in command of the field armies. However, there was no previously arranged plan of campaign in place. The only campaign plan prepared between 1866 and 1870 was a defensive one.

L'ESERCITO FRANCESE

L'esercito francese consisteva in tempo di pace di circa 400.000 soldati, alcuni dei quali regolari, altri coscritti che fino al 1869 servirono per un periodo lungo sette anni. Alcuni di loro erano veterani delle precedenti campagne francesi nella guerra di Crimea, in Algeria, nella guerra franco-austriaca in Italia e nella campagna messicana. Tuttavia, in seguito alla "Guerra delle sette settimane" tra la Prussia e l'Austria, avvenuta quattro anni prima, fu calcolato che l'esercito francese poteva schierare solo 288.000 uomini per affrontare l'esercito prussiano quando potenzialmente sarebbero stati necessari almeno 1.000.000. Sotto il maresciallo Adolphe Niel furono fatte urgenti riforme. La coscrizione universale (piuttosto che a scrutinio, come in precedenza) e un periodo di servizio più breve fornirono un numero crescente di riservisti, che avrebbero aumentato l'esercito a una forza pianificata di 800.000 uomini mobilitabili. Coloro che per qualsiasi motivo non furono arruolati dovevano riversarsi nella Garde Mobile, una particolare milizia con una forza nominale di 400.000. Tuttavia, la guerra franco-prussiana scoppiò prima che queste riforme potessero essere completamente attuate. La mobilitazione dei riservisti fu caotica e provocò un gran numero di sbandati, mentre i Garde Mobile erano generalmente non addestrati e spesso ribelli con la tendenza ad ammutinarsi.

La fanteria francese era equipaggiata con il fucile Chassepot a carica podalica, una delle più moderne armi da fuoco prodotte in serie all'epoca in tutto io mondo, con 1.037.555 di fucili disponibili negli arsenali francesi. Con una guarnizione ad anello di gomma e un proiettile più piccolo, lo Chassepot aveva una portata massima effettiva di circa 1.500 metri e con un breve tempo di ricarica. La tattica francese enfatizzò l'uso difensivo del fucile Chassepot nei combattimenti in stile guerra da trincea, il cosiddetto feu de bataillon. L'artiglieria era equipaggiata con cannoni La Hitte rigate e munite di museruola. L'esercito possedeva anche un precursore della mitragliatrice: la mitrailleuse, che poteva scatenare una potenza di fuoco significativa e concentrata ma tuttavia mancava di autonomia ed era relativamente immobile, e quindi incline a essere facilmente presa di mira dal fuoco nemico. La mitrailleuse era montata su un carrello di artiglieria e raggruppata in batterie in modo simile ai cannoni.

L'esercito era guidato nominalmente da Napoleone III, con i marescialli François Achille Bazaine e Patrice de Mac-Mahon al comando degli eserciti in campo. Si fece sentire l'assenza di un piano di campagna precedentemente predisposto. L'unico piano militare preparato tra il 1866 e il 1870 era di tipo difensivo.

Artillery guns in the second half of the XIX century - Cannoni in uso durante la guerra franco-prussiana

Note to assembly - *Note di montaggio*

A-B Wheels and trail - *Ruote e affusti*
C-D Cannon cane & rump - *Cannone*
E-F-G Cannon barrel - *Parti del cannone*
H-K Gun & Wheel tyres - *Rinforzi metallici*
J Ammunition holder - *Porta munizioni*

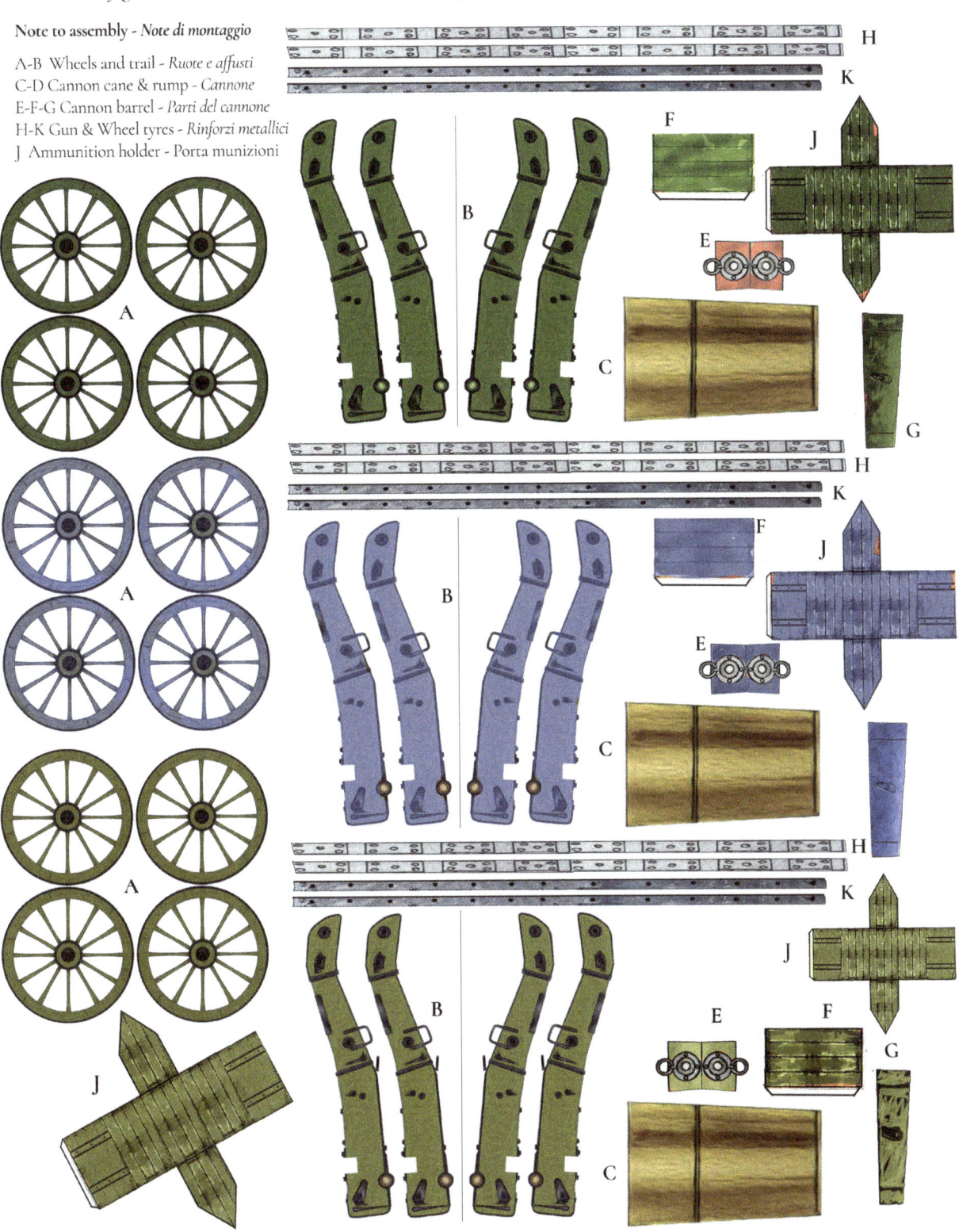

SCENERY FOR THE 1870 WAR
SCENARI PER LE GUERRA FRANCO-PRUSSIANA

Order of battle of the war: Army of the Rhine

Commander in Chief: Emperor Napoléon III
Chief of Staff: Marshal Edmond Le Bœuf

Imperial Guard Corps (Garde impériale) : Gen. Charles Denis Bourbaki
    1st Infantry Division : Gen. Édouard-Jean-Étienne Deligny
    2nd Infantry Division : Gen. Joseph Alexandre Picard
    Cavalry Division : Gen. Desvau
    2 Horse Artillery batteries (4-pdr. guns)
1st Corps (1er corps) - Marshal Patrice de MacMahon
    1st Infantry Division : Gen. Auguste-Alexandre Ducrot
    2nd Infantry Division : Gen. Abel Douay
    3rd Infantry Division : Gen. Raoult
    4th Infantry Division : Gen. Lartigue
    Cavalry Division : Gen. Duhesme
    Reserve Artillery : Col. de Vassart
2nd Corps (2e corps) : Gen. Charles Auguste Frossard
    1st Infantry Division : Gen. Verge
    2nd Infantry Division : Gen. Henri Jules Bataille
    3rd Infantry Division : Gen. Jules de Laveaucoupet
    Cavalry Division : Gen. Marmier
    Reserve Artillery : Col. Beaudouin
3rd Corps (3e corps) : Marshal Achille Bazaine
    1st Infantry Division
    2nd Infantry Division : Gen. Armand A. de Castagny
    3rd Infantry Division : Gen. Metman
    4th Infantry Division : Gen. Claude Théodore Decaen
    Cavalry Division : Gen. de Cleraembault
    Reserve Artillery : Col. de Lajaille
4th Corps (4e corps) : Gen. Paul de Ladmirault
    1st Infantry Division : Gen. Ernest Courtot de Cissey
    2nd Infantry Division : Gen. Grenier
    3rd Infantry Division : Gen. Count Latrille de Lorencez
    Cavalry Division : Gen. Legrand
    Reserve Artillery : Col. de Solille
5th Corps (5e corps) : Gen. Pierre Louis Charles de Failly
    1st Infantry Division : Gen. Goze
    2nd Infantry Division : Gen. de l'Abadie d'Aydroin
    3rd Infantry Division : Gen. Guyot de Lespart
    Cavalry Division : Gen. Brahaut
    Reserve Artillery : Col. de Salignac-Fénelon
6th Corps (6e corps) : Marshal François Certain Canrobert
    1st Infantry Division : Gen. Tixier
    2nd Infantry Division : Gen. Bisson
    3rd Infantry Division : Gen. La Font de Villiers
    4th Infantry Division : Gen. Levassor-Sorval
    Cavalry Division : Gen. de Salignac-Fénelon
    Reserve Artillery : Col. de Montluisant
7th Corps (7e corps) : Gen. Félix Charles Douay
    1st Infantry Division : Gen. Conseil-Dumesnil
    2nd Infantry Division : Gen. Liébert
    3rd Infantry Division : Gen. Dumont
    Cavalry Division : Gen. Ameil
    Reserve Artillery
Cavalry Reserve Corps (Corps de réserve de cavalerie)
    1st Division : Gen. du Barrail
    2nd Division : Gen. de Bonnemains
    3rd Division : Gen. Marquis de Forton
Artillery Reserve : Gen. Cann

French Infantry divisions were square divisions, with two

Ordine di battaglia a inizio guerra: Army of the Rhine

Comandante in capo: L'imperatore Napoleone III
Capo stato maggiore: Maresciallo Edmond Le Bœuf

Corpo della Guardia imperiale (Garde impériale) : Gen. Charles Denis Bourbaki
    1st Infantry Division : Gen. Édouard-Jean-Étienne Deligny
    2nd Infantry Division : Gen. Joseph Alexandre Picard
    Cavalry Division : Gen. Desvau
    2 Horse Artillery batteries (4-pdr. guns)
1° Corpo (1er corps) - Marshal Patrice de MacMahon
    1st Infantry Division : Gen. Auguste-Alexandre Ducrot
    2nd Infantry Division : Gen. Abel Douay
    3rd Infantry Division : Gen. Raoult
    4th Infantry Division : Gen. Lartigue
    Cavalry Division : Gen. Duhesme
    Reserve Artillery : Col. de Vassart
2° Corpo (2e corps) : Gen. Charles Auguste Frossard
    1st Infantry Division : Gen. Verge
    2nd Infantry Division : Gen. Henri Jules Bataille
    3rd Infantry Division : Gen. Jules de Laveaucoupet
    Cavalry Division : Gen. Marmier
    Reserve Artillery : Col. Beaudouin
3° Corpo (3e corps) : Marshal Achille Bazaine
    1st Infantry Division
    2nd Infantry Division : Gen. Armand A. de Castagny
    3rd Infantry Division : Gen. Metman
    4th Infantry Division : Gen. Claude Théodore Decaen
    Cavalry Division : Gen. de Cleraembault
    Reserve Artillery : Col. de Lajaille
4° Corpo (4e corps) : Gen. Paul de Ladmirault
    1st Infantry Division : Gen. Ernest Courtot de Cissey
    2nd Infantry Division : Gen. Grenier
    3rd Infantry Division : Gen. Count Latrille de Lorencez
    Cavalry Division : Gen. Legrand
    Reserve Artillery : Col. de Solille
5° Corpo (5e corps) : Gen. Pierre Louis Charles de Failly
    1st Infantry Division : Gen. Goze
    2nd Infantry Division : Gen. de l'Abadie d'Aydroin
    3rd Infantry Division : Gen. Guyot de Lespart
    Cavalry Division : Gen. Brahaut
    Reserve Artillery : Col. de Salignac-Fénelon
6° Corpo (6e corps) : Marshal François Certain Canrobert
    1st Infantry Division : Gen. Tixier
    2nd Infantry Division : Gen. Bisson
    3rd Infantry Division : Gen. La Font de Villiers
    4th Infantry Division : Gen. Levassor-Sorval
    Cavalry Division : Gen. de Salignac-Fénelon
    Reserve Artillery : Col. de Montluisant
7° Corpo (7e corps) : Gen. Félix Charles Douay
    1st Infantry Division : Gen. Conseil-Dumesnil
    2nd Infantry Division : Gen. Liébert
    3rd Infantry Division : Gen. Dumont
    Cavalry Division : Gen. Ameil
    Reserve Artillery
Corpo Riserva cavalleria (Corps de réserve de cavalerie)
    1st Division : Gen. du Barrail
    2nd Division : Gen. de Bonnemains
    3rd Division : Gen. Marquis de Forton
Riserva Artiglieria : Gen. Cann

Le divisioni di fanteria francese erano divisioni quadrate, con

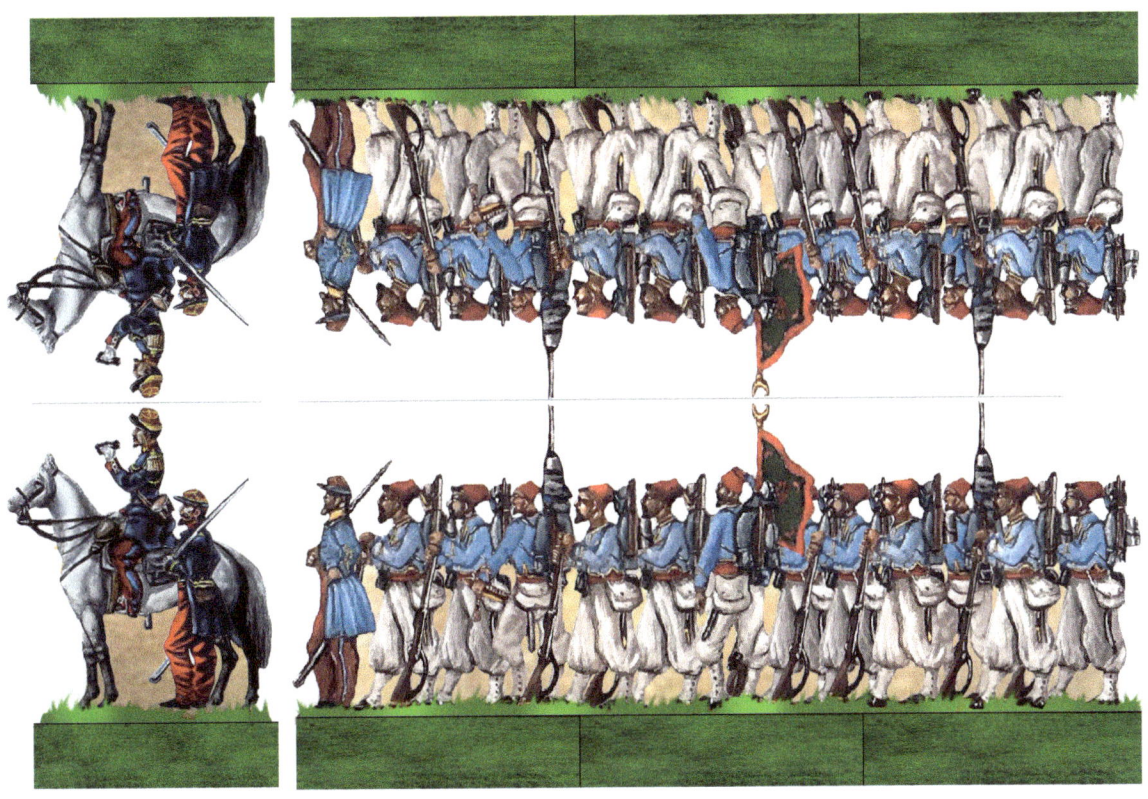

French infantry zouaves 1870
Zuavi francesi 1870

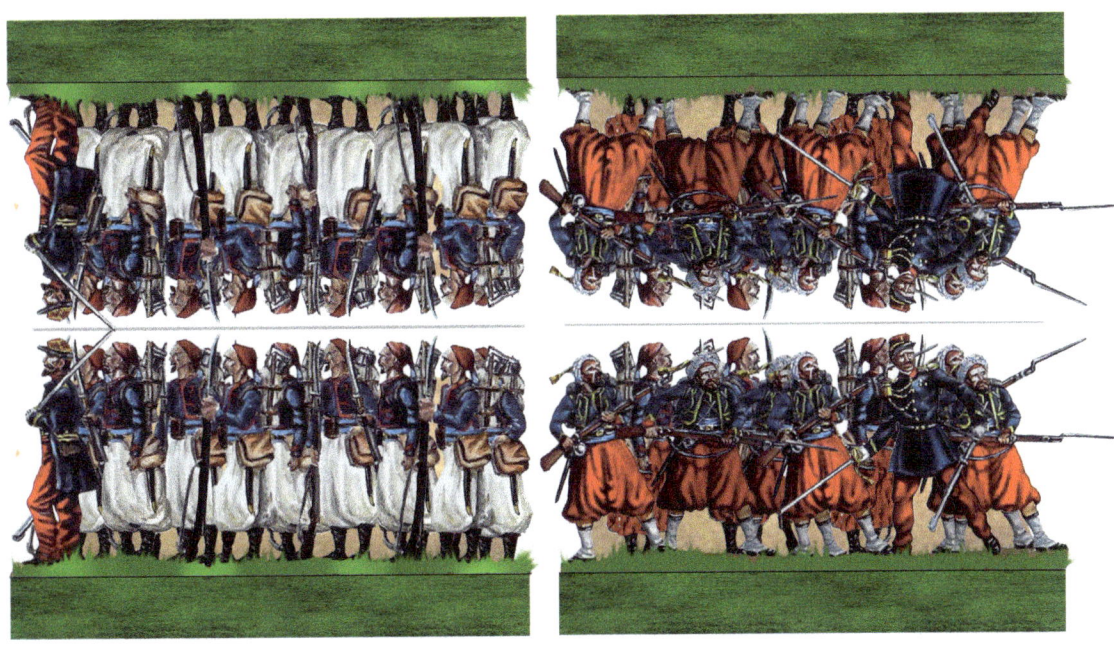

infantry brigades of two infantry regiments each. Generally, one brigade per division also had a light infantry (chasseur) battalion. French cavalry divisions were also generally square, with two brigades of two regiments each, but the cavalry divisions of the Imperial Guard Corps, the 1st Corps, and the 6th Corps had three brigades.

German army Order of battle on 1 August 1870:

Commander in Chief: Wilhelm I (King of Prussia)

Chief of the General Staff: General Helmuth von Moltke
Quarter-Master General: Generalleutnant Eugen Anton Theophil von Podbielski
Inspector-General of Artillery: General der Artillerie Gustav Eduard von Hindersin
Inspector-General of Engineers: Generalleutnant von Kleist
Commissary-General: Generalleutnant Albrecht von Stosch
Staff Department Chiefs: Oberstleutnant Paul Bronsart von Schellendorff; Oberstleutnant Julius von Verdy du Vernois; Oberstleutnant von Brandenstein

First Army General Karl Friedrich von Steinmetz (later General von Manteuffel)

VII Army Corps (VII. Armeekorps) (Westphalia) : General der Infanterie Heinrich von Zastrow
    13th Infantry Division : Generalleutnant von Glümer.
    14th Infantry Division : Generalleutnant von Kameke
    Corps Artillery : Oberst von Helden-Sarnowski
VIII Army Corps (VIII. Armeekorps) (Rhine Provinces) : General der Infanterie August Karl von Goeben
    15th Infantry Division : Generalleutnant von Weltzien
    16th Infantry Division : Generalleutnant von Barnekow
    Corps Artillery : Oberst von Broecker
    3rd Cavalry Division : Generalleutnant C. von der Gröben
I Army Corps (I. Armeekorps) (East Prussia) : General der Kavallerie Edwin Freiherr von Manteuffel[nb 1]
    1st Infantry Division : Generalleutnant von Bentheim
    2nd Infantry Division : Generalleutnant von Pritzelwitz
    1st Cavalry Division : Generalleutnant von Hartmann

Second Army General der Kavallerie Prince Frederick Charles of Prussia

Guards Corps (Gardekorps) : General der Kavallerie Prince August of Württemberg
    1st Guards Infantry Division
    2nd Guards Infantry Division
    Guards Cavalry Division
    Corps Artillery
III Army Corps (III. Armeekorps) (Brandenburg) : Generalleutnant Constantin von Alvensleben
    5th Infantry Division : Generalleutnant von Stülpnagel
    6th Infantry Division : General Baron von Buddenbrock
    Corps-Artillery: Oberst von Dresky
IV Army Corps (IV. Armeekorps) (Saxon provinces and Anhalt) : General der Infanterie Gustav von Alvensleben
    7th Infantry Division : Generalleutnant Julius von Groß genannt von Schwarzhoff
    8th Infantry Division : Generalleutnant von Schöler
    Corps-Artillery : Oberst Crusius
IX Army Corps (IX. Armeekorps) (Schleswig-Holstein and Hesse) : General der Infanterie Albrecht Gustav von Manstein
    18th Infantry Division : Generalleutnant Baron von Wrangel
    25th Infantry Division : General Prince Louis of Hesse

Ordine di battaglia tedesco al 1° agosto 1870:

Comandante in capo: Wilhelm I (King of Prussia)

Capo di stato maggiore General Helmuth von Moltke
Quarter-Master General: Generalleutnant Eugen Anton Theophil von Podbielski
Inspector-General of Artillery: General der Artillerie Gustav Eduard von Hindersin
Inspector-General of Engineers: Generalleutnant von Kleist
Commissary-General: Generalleutnant Albrecht von Stosch
Staff Department Chiefs: Oberstleutnant Paul Bronsart von Schellendorff; Oberstleutnant Julius von Verdy du Vernois; Oberstleutnant von Brandenstein

Prima armata General Karl Friedrich von Steinmetz (later General von Manteuffel)

VII° Corpo d'armata (VII. Armeekorps) (Westphalia) : General der Infanterie Heinrich von Zastrow
    13th Infantry Division : Generalleutnant von Glümer.
    14th Infantry Division : Generalleutnant von Kameke
    Corps Artillery : Oberst von Helden-Sarnowski
VIII° Corpo d'armata (VIII. Armeekorps) (Rhine Provinces) : General der Infanterie August Karl von Goeben
    15th Infantry Division : Generalleutnant von Weltzien
    16th Infantry Division : Generalleutnant von Barnekow
    Corps Artillery : Oberst von Broecker
    3rd Cavalry Division : Generalleutnant C. von der Gröben
I° Corpo d'armata (I. Armeekorps) (East Prussia) : General der Kavallerie Edwin Freiherr von Manteuffel[nb 1]
    1st Infantry Division : Generalleutnant von Bentheim
    2nd Infantry Division : Generalleutnant von Pritzelwitz
    1st Cavalry Division : Generalleutnant von Hartmann

Seconda armata General der Kavallerie Prince Frederick Charles of Prussia

Guards Corps (Gardekorps) : General der Kavallerie Prince August of Württemberg
    1st Guards Infantry Division
    2nd Guards Infantry Division
    Guards Cavalry Division
    Corps Artillery
III° Corpo d'armata (III. Armeekorps) (Brandenburg) : Generalleutnant Constantin von Alvensleben
    5th Infantry Division : Generalleutnant von Stülpnagel
    6th Infantry Division : General Baron von Buddenbrock
    Corps-Artillery: Oberst von Dresky
IV° Corpo d'armata (IV. Armeekorps) (Saxon provinces and Anhalt) : General der Infanterie Gustav von Alvensleben
    7th Infantry Division : Generalleutnant Julius von Groß genannt von Schwarzhoff
    8th Infantry Division : Generalleutnant von Schöler
    Corps-Artillery : Oberst Crusius
IX° Corpo d'armata (IX. Armeekorps) (Schleswig-Holstein and Hesse) : General der Infanterie Albrecht Gustav von Manstein
    18th Infantry Division : Generalleutnant Baron von Wrangel
    25th Infantry Division : General Prince Louis of Hesse

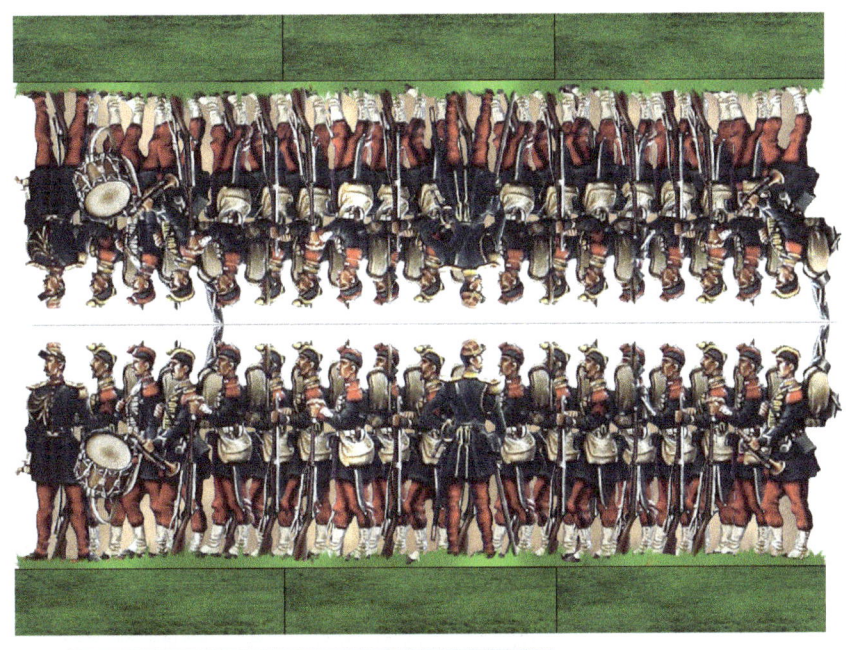

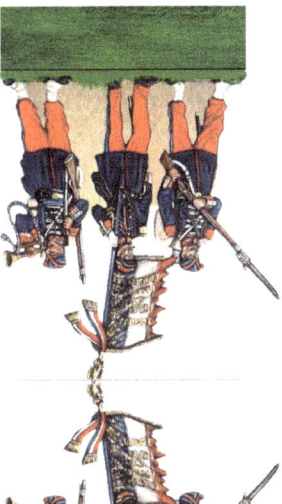

French Guard infantry
in campaign dress 1870
*Fanteria della Guardia francese
tenuta da campagna 1870*

French infantry sailors 1870
Marinai francesi 1870

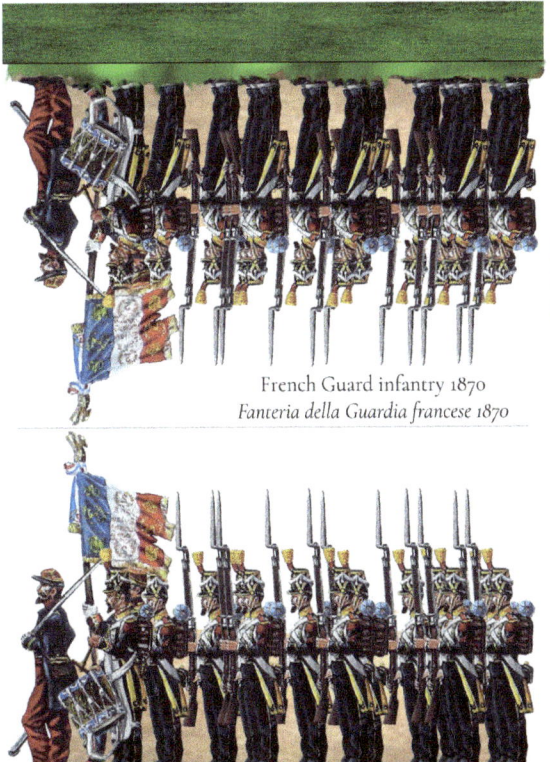

French Guard infantry 1870
Fanteria della Guardia francese 1870

Cavalry Brigade : Generalmajor Baron von Schlotheim
Corps-Artillery : Oberst von Jagemann

X Army Corps (X. Armeekorps) (Hanover, Oldenburg and Brunswick) : General der Infanterie Konstantin Bernhard von Voigts-Rhetz

19th Infantry Division : Generalleutnant von Schwartzkoppen
20th Infantry Division : Generalmajor von Kraatz-Koschlan
Corps Artillery : Oberst Baron von der Goltz

XII. (Royal Saxon) Army Corps (XII. (Kgl. Sächs.) Armeekorps) - Crown Prince Albert of Saxony

23rd (Royal Saxon) Infantry Division : General H.R.H. Prince George of Saxony,
24th (Royal Saxon) Infantry Division : General Nehrhoff von Holderberg
12th Cavalry Division : Generalmajor Count Lippe
5th Cavalry Division : General Baron von Rheinbaben
6th Cavalry Division : Generalleutnant H.S.H. Duke William of Mecklenburg-Schwerin

II Army Corps (II. Armeekorps) -(Pomerania) : General der Infanterie Eduard von Fransecky[nb 2]

3rd Infantry Division : Generalmajor von Hartmann
4th Infantry Division : Generalleutnant Hann von Weyhern
tool-column
Corps Artillery : Oberst Petzel

Third Army

Commander: Crown Prince of Prussia
Chief of Staff: Generalleutnant Leonhard von Blumenthal

V Army Corps (V. Armeekorps) (Posen and Liegnitz) : Generalleutnant Hugo von Kirchbach

9th Infantry Division : Generalmajor Karl Gustav von

Cavalry Brigade : Generalmajor Baron von Schlotheim
Corps-Artillery : Oberst von Jagemann

X° Corpo d'armata (X. Armeekorps) (Hanover, Oldenburg and Brunswick) : General der Infanterie Konstantin Bernhard von Voigts-Rhetz

19th Infantry Division : Generalleutnant von Schwartzkoppen
20th Infantry Division : Generalmajor von Kraatz-Koschlan
Corps Artillery : Oberst Baron von der Goltz

XII°. (Royal Saxon) Corpo d'armata (XII. (Kgl. Sächs.) Armeekorps) - Crown Prince Albert of Saxony

23rd (Royal Saxon) Infantry Division : General H.R.H. Prince George of Saxony,
24th (Royal Saxon) Infantry Division : General Nehrhoff von Holderberg
12th Cavalry Division : Generalmajor Count Lippe
5th Cavalry Division : General Baron von Rheinbaben
6th Cavalry Division : Generalleutnant H.S.H. Duke William of Mecklenburg-Schwerin

II° Corpo d'armata (II. Armeekorps) -(Pomerania) : General der Infanterie Eduard von Fransecky[nb 2]

3rd Infantry Division : Generalmajor von Hartmann
4th Infantry Division : Generalleutnant Hann von Weyhern
tool-column
Corps Artillery : Oberst Petzel

Terza armata

Comandante: Crown Prince of Prussia
Chief of Staff: Generalleutnant Leonhard von Blumenthal

V° Corpo d'armata (V. Armeekorps) (Posen and Liegnitz) : Generalleutnant Hugo von Kirchbach

9th Infantry Division : Generalmajor Karl Gustav von

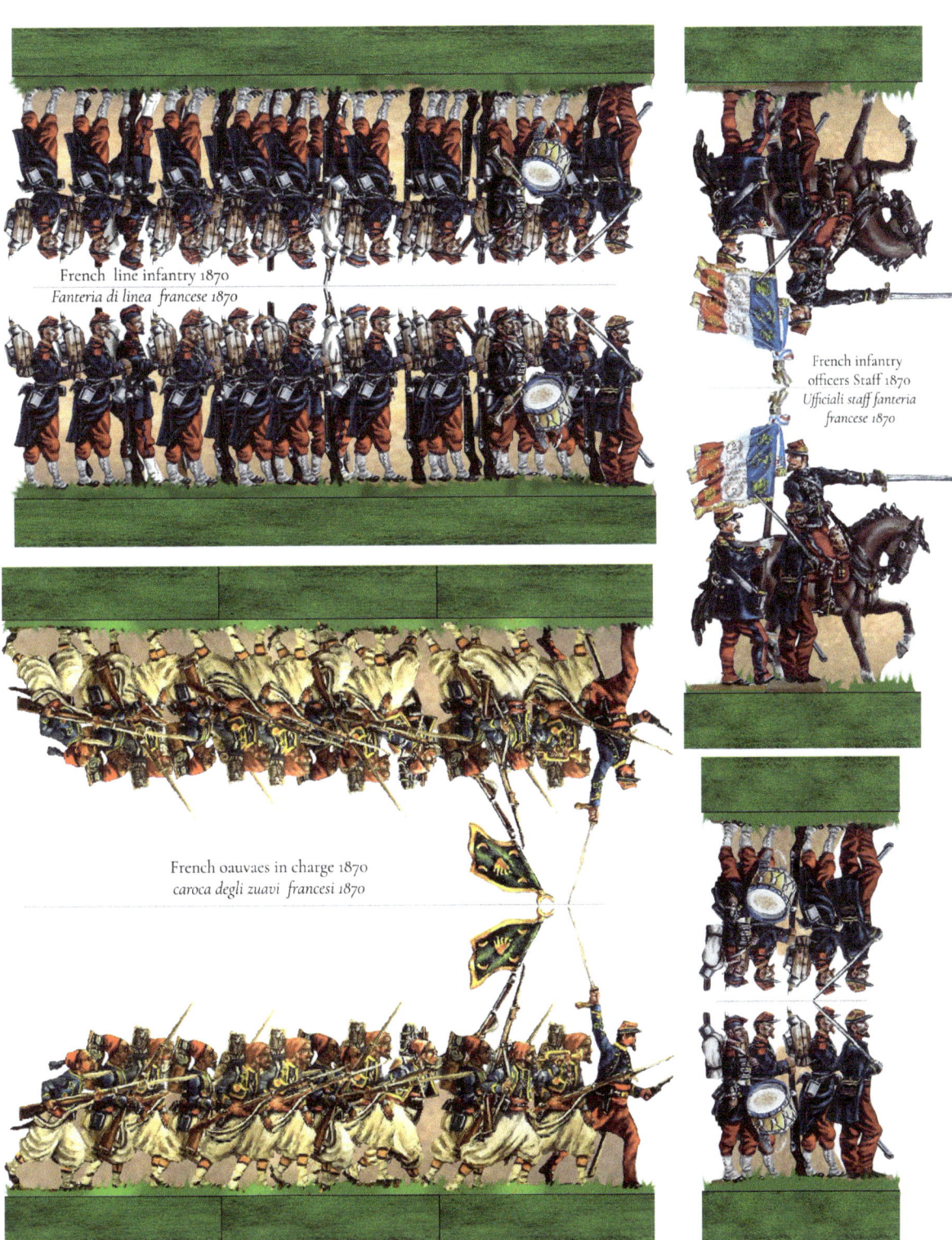

French line infantry 1870
Fanteria di linea francese 1870

French infantry officers Staff 1870
Ufficiali staff fanteria francese 1870

French oauvaes in charge 1870
caroca degli zuavi francesi 1870

10th Infantry Division : Generalleutnant von Schmidt
Corps-Artillery : Oberstleutnant Köhler

XI Army Corps (XI. Armeekorps) (Hesse, Nassau, Saxe-Weimar etc.) : Generalleutnant Julius von Bose

21st Infantry Division : Generalleutnant von Schachtmeyer
22nd Infantry Division : Generalleutnant von Gersdorff
Corps-Artillery : Oberst von Oppeln-Bronikowski

I Royal Bavarian Corps (Kgl. Bayer. I. Korps) : General der Infanterie Ludwig Freiherr von der Tann

1st Royal Bavarian Division : Generalleutnant von Stephan
2nd Royal Bavarian Division : Generalleutnant Count Pappenheim
Brigade of Reserve-Artillery : Oberst Bronzetti

II Royal Bavarian Corps (Kgl. Bayer. II. Korps) - General der Infanterie Jakob von Hartmann

3rd Royal Bavarian Division : Generalleutnant von Walther
4th Royal Bavarian Division : Generallleutnant Count von Bothmer
Brigade of Reserve Artillery : Oberst von Pillement

Combined Württemberg-Baden Corps (Kombiniertes Württembergisch-Badisches Korps)

Württemberg Field Division : General von Obernitz
Cavalry Division (Reiter-Division) : Generalmajor Count von Scheler
Baden Field Division : Generalleutnant von Beyer
Cavalry Brigade : Generalmajor Baron La Roche-Starkenfels
Corps-Artillery
4th Cavalry Division : General der Kavallerie H.R.H. Prince Albert of Prussia

VI Army Corps (VI. Armeekorps) (Silesia) : General der Kavallerie Wilhelm von Tümpling[nb 3]

11th Infantry Division : Generalleutnant von Gordon
12th Infantry Division : Generalleutnant von Hoffmann
Corps-Artillery: Oberst Arnold
2nd Cavalry Division : Generalleutnant Count Stolberg-Wernigerode

Reserve

General Command over mobile troops in the I, II, IX, and X Corps Areas

17th Infantry Division
Guard Landwehr Infantry Division
1st Landwehr Division
2nd (Brandenburg) Landwehr Division
3rd Combined Landwehr Division
16 Landwehr Cavalry Regiments
Reserve Foot Battalions of the Guard and 11 Line Artillery Regiments

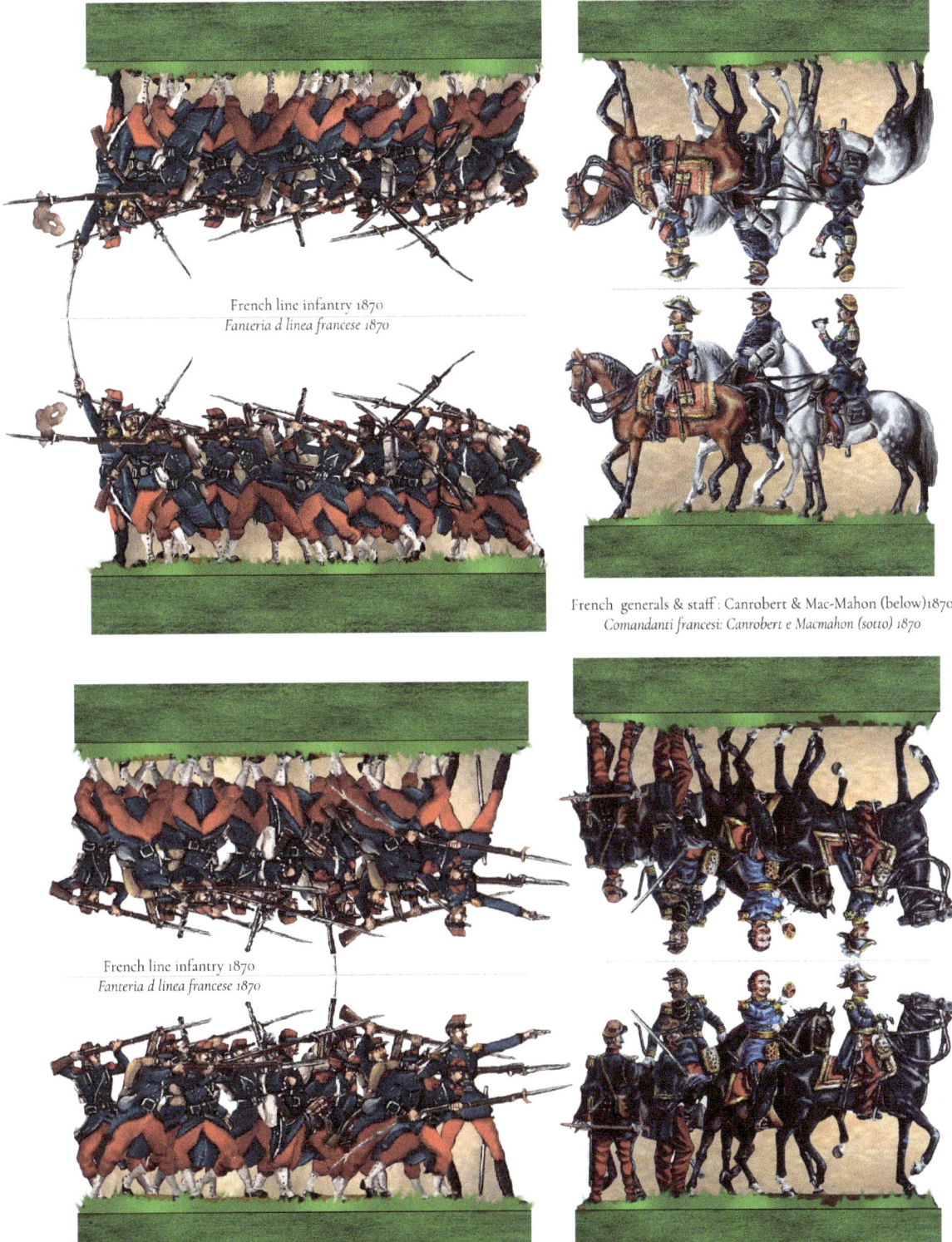

French line infantry 1870
Fanteria d linea francese 1870

French generals & staff : Canrobert & Mac-Mahon (below)1870
Comandanti francesi: Canrobert e Macmahon (sotto) 1870

French line infantry 1870
Fanteria d linea francese 1870

SCENERY FOR THE BATTLE OF GRAVELOTTE OF 18TH AUGUST OF 1870

The Battle of Gravelotte (or Battle of Gravelotte–St. Privat) on 18 August 1870 was the largest battle of the Franco-Prussian War. Named after Gravelotte, a village in Lorraine, it was fought about 6 miles (9.7 km) west of Metz, where on the previous day, having intercepted the French army's retreat to the west at the Battle of Mars-La-Tour, the Prussians were now closing in to complete the destruction of the French forces.

The combined German forces under King Wilhelm I were the Prussian First and Second Armies of the North German Confederation with 210 infantry battalions, 133 cavalry squadrons, and 732 heavy cannons totaling 188,332 officers and men. The French Army of the Rhine, commanded by Marshal François Achille Bazaine, dug in along high ground with their southern left flank at the town of Rozerieulles, and their northern right flank at St. Privat.

On 18 August, the Prussian First Army under General Karl Friedrich von Steinmetz launched its VII and VIII Corps in repeated assaults against the French positions, backed by artillery and cavalry support. All attacks failed with enormous casualties in the face of French infantry and mitrailleuse firepower. The French did not counter-attack Steinmetz's weakened army.

On the Prussian left, the Prussian Guards attacked the French position at St. Privat at 16:50 hours. With the support of the Prussian II and Saxon XII Corps of Prince Friedrich Karl's Second Army, the Guards conquered St. Privat by 20:00 hours after heavy losses, pushing back the French right wing.

Bazaine's Army of the Rhine withdrew into Metz fortress on the morning of 19 August. The German victory at Gravelotte ended Bazaine's army's last chance of retreating west to Verdun. After a siege lasting over two months, the Army of the Rhine surrendered on 27 October 1870.

Background

The German Second Army, commanded by Prince Friedrich Karl of Prussia had met the right wing of the French

SCENARIO PER LA BATTAGLIA DI GRAVELOTTE DEL 18 AGOSTO 1870..

La battaglia di Gravelotte (detta anche di Gravelotte – St. Privat) del 18 agosto 1870 fu la più grande battaglia della guerra franco-prussiana. Prende il nome da Gravelotte, un villaggio in Lorena, fu combattuto a circa 6 miglia (9,7 km) a ovest di Metz, dove il giorno precedente, dopo aver intercettato la ritirata dell'esercito francese a ovest nella battaglia di Marte-La-Tour, i prussiani si stavano avvicinando per completare la distruzione delle forze francesi.

Le forze tedesche unite sotto il re Guglielmo I furono la prima e la seconda armata prussiana della Confederazione della Germania del nord con 210 battaglioni di fanteria, 133 squadroni di cavalleria e 732 cannoni pesanti per un totale di 188.332 ufficiali e uomini. L'esercito francese del Reno, comandato dal maresciallo François Achille Bazaine, stava lungo le alture con il fianco sinistro meridionale nella città di Rozerieulles e il fianco destro settentrionale a St. Privat.

Il 18 agosto, la prima armata prussiana sotto il generale Karl Friedrich von Steinmetz lanciò il suo VII e VIII corpo in ripetuti assalti contro le posizioni francesi, sostenute da artiglieria e supporto di cavalleria. Tutti gli attacchi fallirono con enormi perdite di fronte alla fanteria francese e alla potenza di fuoco delle mitrailleuse. I francesi non contrattaccarono l'esercito indebolito di Steinmetz.

Alla sinistra prussiana, le guardie prussiane attaccarono la posizione francese a St. Privat alle 16:50 ore. Con il sostegno del II° Corpo prussiano e del XII° Sassone della seconda armata del principe Friedrich Karl.

La Guardia conquistò San Privat verso le 20:00 subendo pesanti perdite e respingendo l'ala destra francese.

L'esercito del Reno di Bazaine si ritirò nella fortezza di Metz la mattina del 19 agosto. La vittoria tedesca a Gravelotte pose fine all'ultima possibilità dell'esercito di Bazaine di ritirarsi a ovest verso Verdun. Dopo un assedio durato oltre due mesi, l'esercito del Reno si arrese il 27 ottobre 1870.

Contesto

La Seconda armata tedesca, comandata dal principe Friedrich Karl di Prussia, aveva incontrato l'ala destra dell'e-

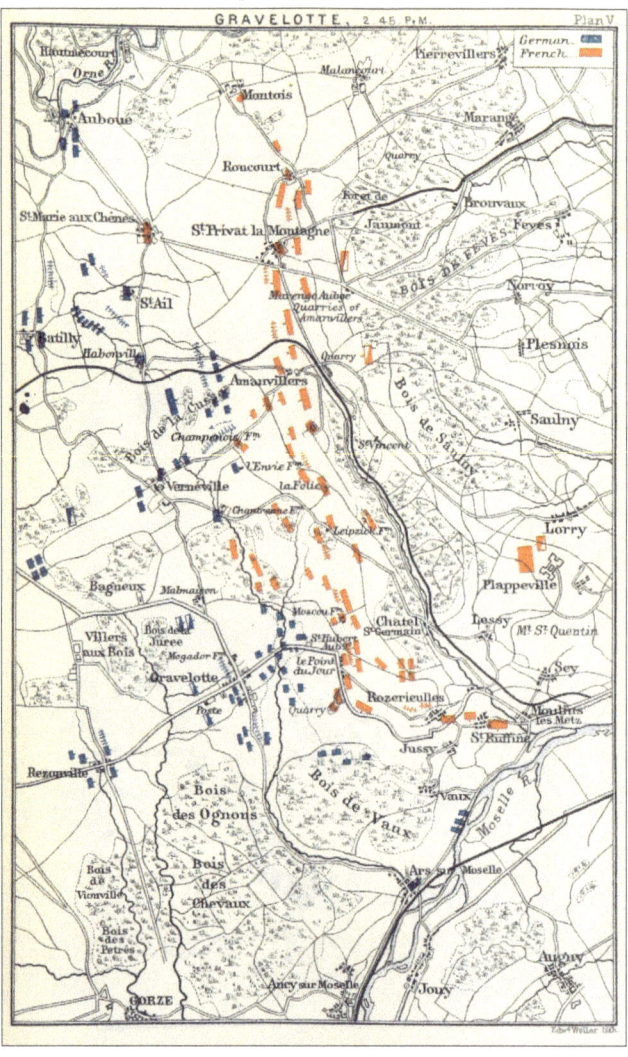

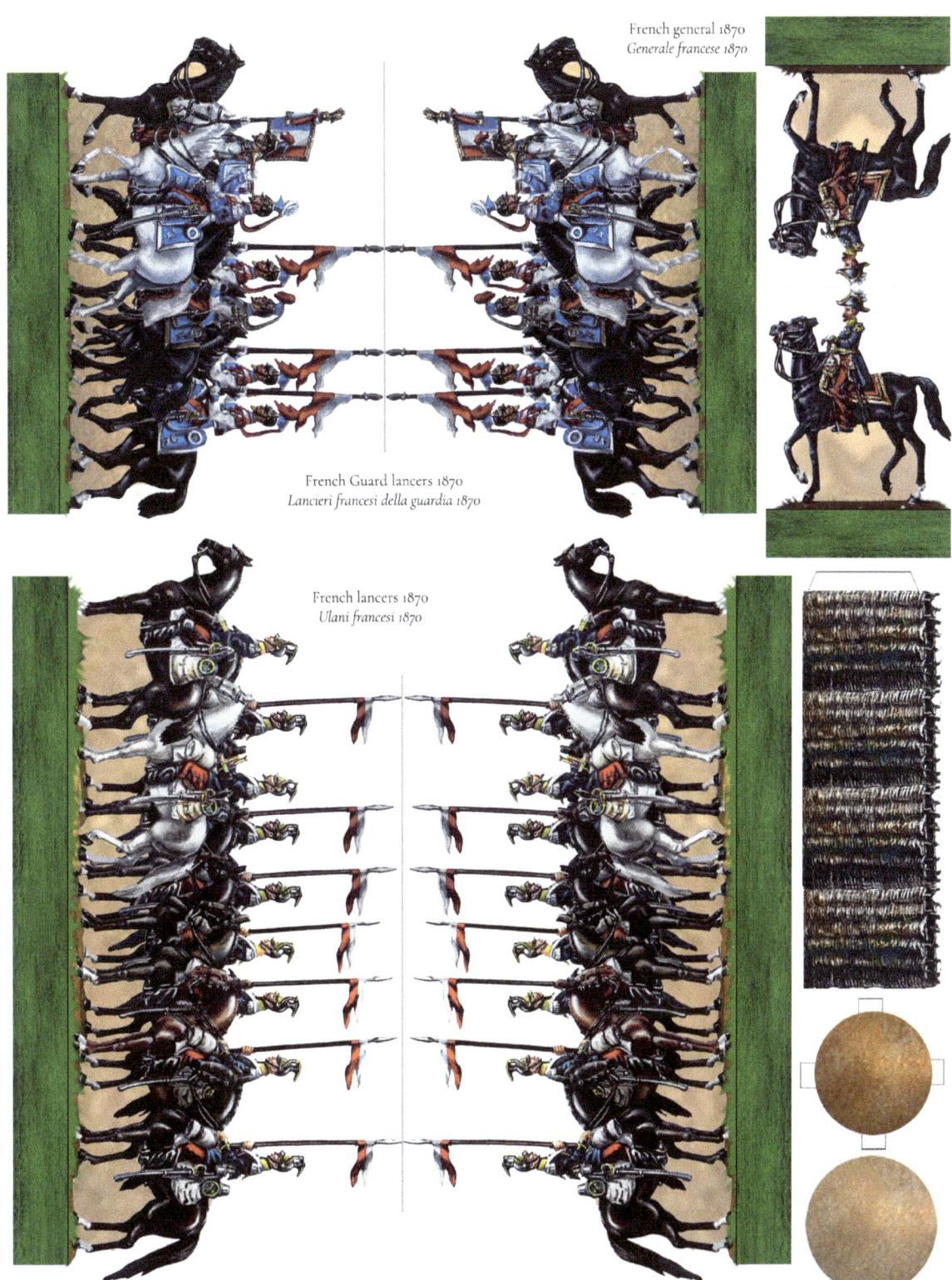

Army of the Rhine, commanded by Marshal Bazaine, at the Battle of Mars-La-Tour — both sides claimed victory. Marshal Bazaine's four corps of the French Army of the Rhine retreated in vile weather along the road toward Verdun. The Germans were on their heels, pressing hard to prevent the Army of the Rhine from linking up with French forces at Sedan.

The pursuing Prussian First and Second Armies had more artillery, men, and ammunition than Bazaine's four corps. Their pressure forced Bazaine to occupy the crests of the gently rolling hilltops east of the Moselle, with his southern left flank at the town of Rozerieulles, and his northern right flank at St. Privat. They lacked efficient digging tools, but Bazaine regarded the position as virtually impregnable, with the defenders sheltered behind hedges and low walls and anchored in villages and farmhouses.

The battlefield extended from the woods bordering the Moselle above Metz to Roncourt, near the river Orne. Other villages that played an important part in the battle were Saint Privat, Amanweiler or Amanvillers and Sainte-Marie-aux-Chênes, all lying to the north of Gravelotte.

THE BATTLE

The French cavalry failed to detect the strength of the Prussian pursuit. On 18 August at 08:00 Wilhelm I, whose chief of staff was Moltke, ordered the First and Second Armies to advance against the French positions. By 12:00, General Manstein with artillery from the Hessian 25th Infantry Division was advancing toward the village of Amanvillers. The mass of advancing Germans was met with murderous fire from the superior French Chassepot rifle and their rapid-firing mitrailleuses, before they were within range to retaliate with their shorter-ranged needle-guns. At 14:30, General Steinmetz, the commander of the First Army, launched his VIII Corps across the Mance Ravine but they were soon pinned down by rifle and mitrailleuse fire. At 15:00, the massed new Krupp all-steel breech-loading guns of the German VII and VIII Corps opened fire to support the attack. But with the attack still failing, at 16:00 Steinmetz ordered the VII Corps forward, followed by the 1st Cavalry Division.

At 16:50, with the Prussian southern attacks stalling, the Prussian 3rd Guards Infantry Brigade of the Second Army opened an attack against the French positions at St. Privat, which were commanded by General Canrobert. At 17:15, the Prussian 4th

sercito francese del Reno, comandata dal maresciallo Bazaine, nella battaglia di Marte-La-Tour - entrambe le parti rivendicarono la vittoria. I quattro corpi del maresciallo Bazaine dell'esercito francese del Reno si ritirarono in un clima vile lungo la strada verso Verdun. I tedeschi erano alle calcagna, pressando parecchio per impedire all'esercito del Reno di collegarsi con le forze francesi a Sedan.

Il primo e il secondo esercito prussiani avevano più artiglieria, uomini e munizioni rispetto ai quattro corpi di Bazaine. La loro pressione costrinse Bazaine ad occupare le creste delle dolci colline a est della Mosella, con il suo fianco sinistro meridionale nella città di Rozerieulles e il suo fianco destro settentrionale a St. Privat. Mancavano efficienti strumenti di scavo, ma Bazaine considerava la posizione praticamente inespugnabile, con i difensori riparati dietro siepi e muretti e ben saldi in villaggi e fattorie.

Il campo di battaglia si estendeva dai boschi al confine con la Mosella sopra Metz fino a Roncourt, vicino al fiume Orne. Altri villaggi che hanno avuto un ruolo importante nella battaglia sono stati Saint Privat, Amanweiler o Amanvillers e Sainte-Marie-aux-Chênes, tutti situati a nord di Gravelotte.

LA BATTAGLIA

La cavalleria francese non riuscì a rilevare la forza dell'esercito prussiano. Il 18 agosto alle 08:00 Guglielmo I, il cui capo di stato maggiore era Moltke, ordinò alla prima e seconda armata di avanzare contro le posizioni francesi. Alle 12:00, il generale Manstein con l'artiglieria della 25a divisione di fanteria dell'Assia avanzava verso il villaggio di Amanvillers. La massa di tedeschi in avanzamento fu accolta con un fuoco omicida dai fucili Chassepot e dalle "mitrailleuses" a fuoco rapido, prima che fossero a portata di mano per vendicarsi con i loro meno efficienti fucili Dreyse. Alle 14:30, il generale Steinmetz, comandante della Prima Armata, lanciò il suo VIII Corpo attraverso il burrone di Mance, ma furono presto bloccati dal fuoco di fucileria e di una mitrailleuse. Alle 15:00, i nuovi cannoni Krupp in acciaio del VII° e VIII° Corpo prussiano aprirono il fuoco per sostenere l'attacco. L'attacco fallì nuovamente, alle 16:00 Steinmetz ordinò al VII° Corpo di avanzare nuovamente, seguito dalla 1a divisione di cavalleria. Alle 16:50, con lo stallo degli attacchi prussiani a sud, la 3a Brigata di fanteria prussiana della Guardia della Seconda Armata aprì un attacco contro le posizioni francesi a St. Privat,

French chasseurs d'Afrique 1870
Cacciatori d'Africa 1870

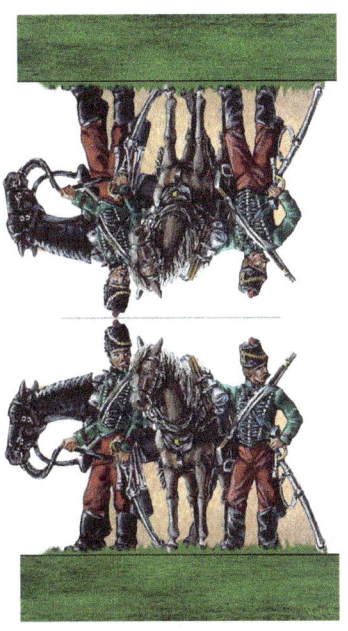

French Chasseur 1870
Cacciatori a cavallo francesi 1870

Guards Infantry Brigade joined the advance followed at 17:45 by the Prussian 1st Guards Infantry Brigade. All of the Prussian Guard attacks were pinned down on the slopes by lethal French gunfire. At 18:00 King William ordered a renewed advance.[11] At 18:15 the Prussian 2nd Guards Infantry Brigade, the last of the 1st Guards Infantry Division, was committed to the attack on St. Privat, while Steinmetz ordered the last unit in the reserves of the First Army across the Mance Ravine. By 18:30, a considerable portion of the VII and VIII Corps disengaged from the fighting after attaining their objective and withdrew towards the Prussian positions at Rezonville.

With the partial withdrawal of the First Army, Prince Frederick Charles ordered a mass artillery barrage against Canrobert's position at St. Privat to prevent the Guards attack from failing too. At 19:00 the 3rd Division of Eduard von Fransecky's II Corps of the Second Army advanced across Ravine while the Saxon XII Corps cleared out the nearby town of Roncourt, along with the survivors of the 1st Guards Infantry Division, launched a fresh attack against the ruins of St. Privat. At 20:00, the arrival of the Prussian 4th Infantry Division of the II Corps and with the Prussian right flank on Mance Ravine, the line stabilized. Then, the Prussians of the 1st Guards Infantry Division and the XII and II Corps captured St. Privat, forcing the decimated French forces to withdraw. Some French officers incorrectly thought the Prussians were exhausted, so they urged a counter-attack. General Bourbaki, however, refused to commit the reserves of the French Old Guard to the battle because, by that time, he rightfully considered the overall situation a 'defeat' having run out of ammunition, being outflanked by Prussian artillery, and losing 1/4 of his men. By 22:00, firing largely died down across the battlefield for the night.

Aftermath

The next morning, the exhausted French Army of the Rhine retreated to Metz where they were besieged and forced to surrender two months later.

The casualties were severe. The combined Prussian and Hessian force had 20,163 troops killed, wounded or missing in action during the 18 August battle. The French losses were 1,146 killed along with 6,709 wounded and 4,420 prisoners of war (half of these were wounded) for a total of 12,275. Howard qualifies the French casualty records as 'incomplete'. While most Prussians fell to the French Chassepot rifle, most French fell to the Krupp shells of the Prussian artillery. In a breakdown of the casualties, Steinmetz's Prussian First Army lost 4,300 men before the Pointe du Jour, while the French forces opposing him had casualties of 2,155. Losses of the Prussian Guards Corps were even more staggering, with 8,000 casualties out of 18,000 men. The Guards Jäger Battalion lost 19 officers, a surgeon and 431 men killed, wounded, or missing out of a total of 700. The 2nd Guards Infantry Brigade lost 39 officers and 1,076 men. The 3rd Guards Infantry Brigade lost 36 officers and 1,060 men. On the French side, the units holding St. Privat lost more than half their number in the village.

comandate dal generale Canrobert. Alle 17:15, la 4a Brigata di fanteria prussiana della Guardia si unì all'avanzata seguita alle 17:45 dalla 1a Brigata di fanteria prussiana della Guardia.

Tutti gli attacchi della Guardia prussiana furono bloccati sui pendii dal letali fuoco francese. Alle 18:00 il re Guglielmo ordinò un nuovo assalto. Alle 18:15 la 2a Brigata di fanteria prussiana della Guardia, l'ultima della 1a divisione di fanteria della Guardia, fu impegnata nell'attacco a San Privat, mentre Steinmetz inviò l'ultima unità di riserva della Prima Armata attraverso i burroni della Mance . Alle 18:30, una parte considerevole del VII° e VIII° Corpo si liberò dai combattimenti dopo aver raggiunto il loro obiettivo e si ritirò verso le posizioni prussiane a Rezonville. Con il parziale ritiro della Prima Armata, il Principe Frederick Charles ordinò una raffica di artiglieria di massa contro la posizione di Canrobert a St. Privat per evitare che anche l'attacco delle Guardie fallisse. Alle 19:00 la 3a divisione del II° corpo della seconda armata di Eduard von Fransecky avanzò attraverso il burrone mentre il XII° corpo sassone sgomberò la vicina città di Roncourt, insieme ai sopravvissuti della 1a divisione di fanteria della guardia, lanciò un nuovo attacco contro le rovine di San Privat. Alle 20:00, l'arrivo della quarta divisione di fanteria prussiana del II° Corpo stabilizzò la linea del fronte. Quindi, i prussiani della 1a divisione di fanteria della guardia insieme al XII° e II °corpo catturarono San Privat, costringendo le forze francesi decimate a ritirarsi. Alcuni ufficiali francesi ritennero erroneamente che i prussiani fossero esausti, quindi sollecitarono un contrattacco. Il generale Bourbaki, tuttavia, si rifiutò di impegnare le riserve della Vecchia Guardia francese in battaglia perché, in quel momento, giustamente considerò la situazione generale come una "sconfitta" dato che aveva esaurito le munizioni, sempre esposta al tiro dell'artiglieria prussiana che gli fece perdere 1/4 dei suoi uomini. Alle 22:00, tutti i fuochi cessarono e molti morti e feriti giacevano sul campo di battaglia.

Conseguenze

Il mattino seguente, l'esercito francese del Reno esausto si ritirò a Metz dove venne stretto d'assedio e fu costretto a arrendersi due mesi dopo.

Le vittime della battaglia furono gravi. La forza combinata di Prussia e Assia contò 20.163 fra morti, feriti e dispersi durante la battaglia del 18 agosto. Le perdite francesi furono 1.146 morti insieme a 6.709 feriti e 4.420 prigionieri di guerra (metà di questi feriti) per un totale di 12.275. Howard stima i dati delle vittime francesi come "incompleti". Mentre la maggior parte dei prussiani cadde colpito dagli Chassepot francesi, la maggior parte dei francesi cadde vittima dei cannoni Krupp dell'artiglieria prussiana. Fra i reparti più colpiti vi fu, la 1a armata prussiana di Steinmetz che perse 4.300 uomini, mentre le forze francesi che si opponevano a lui subirono perdite per 2.155 unità. Le perdite del Corpo delle guardie prussiane furono ancora più pesanti, con 8.000 vittime su 18.000 uomini. Il Battaglione delle Guardie Jäger perse 19 ufficiali, un chirurgo e 431 uomini uccisi, feriti o dispersi su un totale di 700. La 2a Brigata di fanteria della Guardia perse 39 ufficiali e 1.076 uomini. La 3a Brigata di fanteria della Guardia perse 36 ufficiali e 1.060 uomini. Dal lato francese, le unità che tenevano St. Privat perdettero più della metà dei loro effettivi presenti nel villaggio.

French cavalry major staff 1870
Sato maggiore di cavalleria francese 1870

French Cent guards 1870
Le cents guards 1870

French hussars 1870
Usseri francesi 1870

SCENERY FOR THE BATTLE OF SEDAN OF 1/2 SEPTEMBER OF 1870

The Battle of Sedan was fought during the Franco-Prussian War from 1 to 2 September 1870. Resulting in the capture of Emperor Napoleon III and large numbers of his troops, it effectively decided the war in favour of Prussia and its allies, though fighting continued under a new French government.

The battle opened with the Army of Châlons, with 202 infantry battalions, 80 cavalry squadrons and 564 guns, attacking the surrounding Prussian Third and Fourth Armies, which totaled 222 infantry battalions, 186 cavalry squadrons, and 774 guns.

Napoleon had ordered MacMahon to break out of the encirclement, and the only point where that seemed possible was La Moncelle, whose flank was protected by a fortified town. The Prussians also picked La Moncelle as one point where they would mount a breakthrough. Prince George of Saxony and the Prussian XI Corps was assigned to the task, and General Baron von der Tann were ordered to attack Bazeilles on the right flank.

This was the opening engagement, as the French 1st Corps had barricaded the streets, and enlisted the aid of the population.
Von der Tann sent a brigade across pontoon bridges at 0400 hours in the early morning mist, the Bavarians rushing the village and capturing it through surprise. The French Marines of the 1st Corps fought back from stone houses and the Bavarian artillery shelled the buildings into blazing rubble. The combat drew new forces, as French brigades from the 1st, 5th, and 12th Corps arrived. At 0800 the Prussian 8th Infantry Division arrived, and von der Tann decided it was time for a decisive attack. He had not been able to bring artillery to bear from long range, so he committed his last brigade to storm the town, supported by artillery from the other side of the Meuse. His artillery reached Bazeilles at 0900 hours.

The fighting continued to spread to the south of the town, and the 8th Infantry Division was sent to reinforce the Bavarians fighting at La Moncelle, where they had tried to break through the French defense. Fighting began in earnest at 0600, and the wounded MacMahon had appointed General Ducrot to command, who received the news at 0700. Ducrot ordered the retreat that Moltke had expected, but was overruled almost immediately by General Wimpffen, who had been given a commission by the government to succeed MacMahon were he to become disabled. Wimpffen then threw his forces against the Saxons at La Moncelle.

SCENARIO PER LA BATTAGLIA DI SEDAN DEL 1/2 SETTEMBRE 1870

La battaglia di Sedan fu combattuta durante la guerra franco-prussiana dal 1 al 2 settembre 1870. Con la conseguente cattura dell'imperatore Napoleone III e di un gran numero delle sue truppe, decise effettivamente la guerra a favore della Prussia e dei suoi alleati, anche se i combattimenti continuarono per altro tempo sotto un nuovo governo francese.

La battaglia si aprì con l'armata di Châlons, forte di 202 battaglioni di fanteria, 80 squadroni di cavalleria e 564 cannoni, che mosse all'attacco della IIIa e IVa armata prussiana, che contavano un totale di 222 battaglioni di fanteria, 186 squadroni di cavalleria e 774 cannoni.

Napoleone aveva ordinato a MacMahon di uscire dall'accerchiamento e l'unico punto in cui ciò sembrava possibile era La Moncelle, il cui fianco era protetto da una città fortificata. I prussiani allora presero anche La Moncelle come una sorta di testa di ponte. L'incarico fu assegnato al principe Giorgio di Sassonia e al XI° corpo prussiano mentre al generale barone von der Tann fu ordinato di attaccare Bazeilles sul fianco destro.

Questo fu l'impegno iniziale, poiché il 1° Corpo francese aveva barricato le strade e si era assicurato l'aiuto della popolazione.
Von der Tann inviò una brigata attraverso i pontoni sul fiume alle 04.00 ore nella nebbia mattutina, i bavaresi si precipitano nel villaggio e lo catturano con sorpresa. I marines francesi del 1° Corpo reagirono dalle case di pietra e l'artiglieria bavarese bombardò e rase al suolo molti degli edifici. Il combattimento attirò nuove forze, quando arrivarono le brigate francesi del 1°, 5° e 12° Corpo. Alle 08.00 arrivò l'8a divisione di fanteria prussiana e von der Tann decise che era arrivato il tempo per un attacco decisivo. Non era stato in grado di portare l'artiglieria a raggio d'azione, quindi inviò la sua ultima brigata per assaltare la città, supportato dall'artiglieria dall'altra parte della Mosa. La sua artiglieria raggiunse Bazeilles alle 09:00.

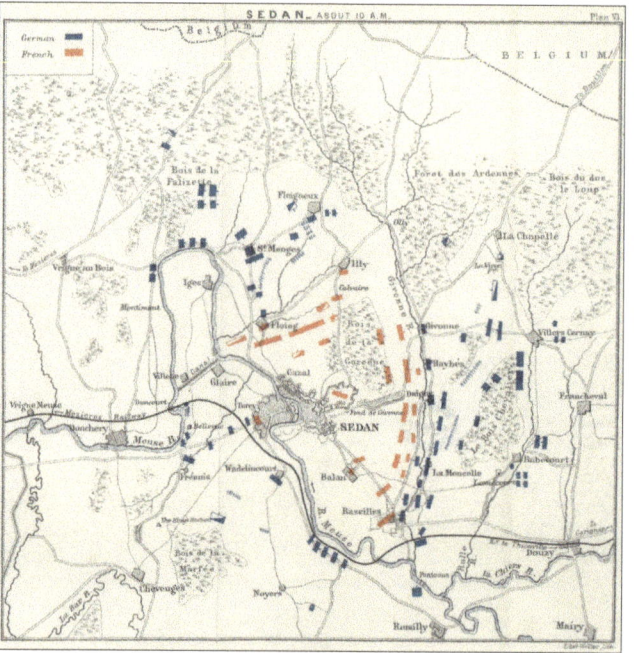

I combattimenti continuarono a diffondersi a sud della città e l'8a divisione di fanteria fu inviata per rafforzare i bavaresi che combattevano a La Moncelle, dove avevano tentato di sfondare la difesa francese. I combattimenti iniziarono seriamente alle 06.00 e MacMahon, nel frattempo ferito, aveva incaricato il generale Ducrot di comandare, che ricevette la notizia solo alle 0700.
Ducrot ordinò la ritirata che Moltke si aspettava, ma fu quasi immediatamente respinto dal generale Wimpffen, a cui era stata data una commissione da il governo per succedere a MacMahon

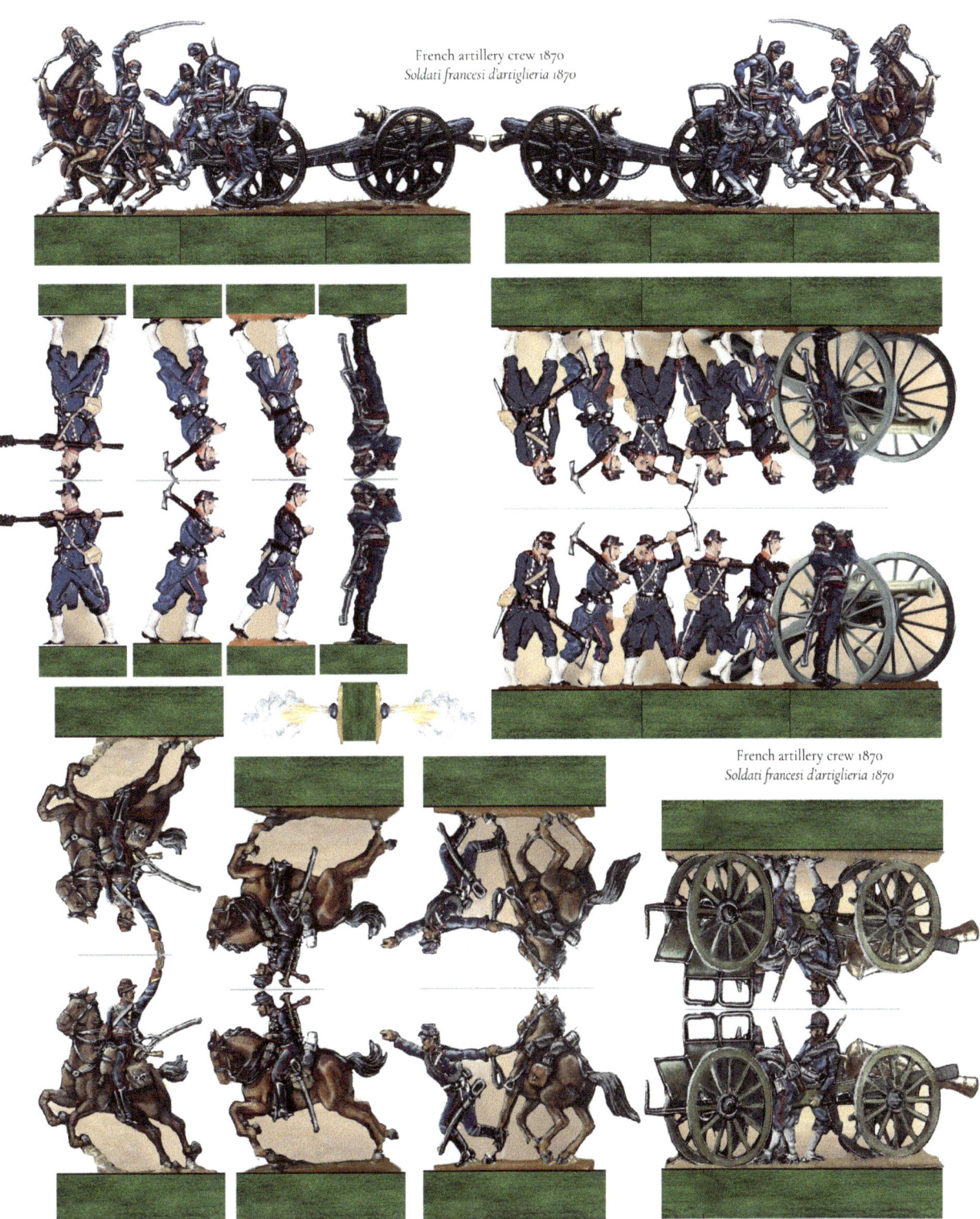

French artillery crew 1870
Soldati francesi d'artiglieria 1870

French artillery crew 1870
Soldati francesi d'artiglieria 1870

This led to a brief rally for the French, who drove back the artillery around La Moncelle and pressed the Bavarians and the Saxons. However, with the taking of Bazeilles at 0800, and the arrival of fresh waves of Prussian troops, the counter-attack began to collapse.

By 1100 hours, Prussian artillery took a toll on the French, while more Prussian troops arrived on the battlefield. The Prussian V and XI Corps reached their designated positions to the west and north-west of the French army by 0730 and 0900, respectively. A French cavalry unit advancing west was slaughtered by Prussian infantry and artillery fire. The Prussian artillery batteries took up positions along slopes overlooking the French army.

Nonstop German artillery fire on the helpless French infantry and artillery, Prussian attacks from the northwest and east and Bavarian attacks from the southwest drove the Army of Châlons north into the Bois de la Garenne, where it was surrounded.

Wimpffen at 1300 gave orders for a breakout to the south.

The attacks failed completely or did not get going at all and Douay's 7th Corps front line was broken under the weight of German firepower. Douay's left flank had been dug in two lines of trenches above Floing, their fire keeping the Germans pinned down in the village. By 1300, the German artillery had destroyed Douay's and the German 22nd Division turned Douay's left flank, defeating all counterattacks by French infantry and lancers. Douay directed General Jean Auguste Margueritte's cavalry squadrons to open an escape route by launching three desperate attacks on the nearby village of Floing where the Prussian XI Corps was concentrated. Margueritte was mortally wounded leading the very first charge, and the two additional charges were mowed down by German infantry fire at 1500, the number of French killed and wounded amounting to 791.

A mural painted in 1884 by Carl Steffeck depicts General Reille delivering Napoleon III's letter of surrender to King William I at the Battle of Sedan on 1 September 1870. It was at the former Ruhmeshalle in Berlin and was destroyed by bombs during World War II.

By 1400, the German infantry had seized the Calvaire and opened fire on the huddled French masses in the Bois de la Garenne.

The Germans then closed in for the kill from all sides. The French 7th Corps under Douay dissolved into a panic-stricken horde, seeking refuge in Sedan while pounded by German artillery. Ducrot's 1st Corps was routed by the artillery of the Saxon XII Corps and the Prussian Guards Corps. The Bois de la Garenne was subject to constant German artillery fire from multiple sides and when the Prussian Guards infantry captured the forest at 1430, the French survivors inside it surrendered en masse.

By the end of the day, with no hope of breaking out, Napoleon III called off the attacks. He ran up the white flag on the fortress walls of Sedan and sent General André Charles Victor Reille to deliver a letter of surrender to the Prussian Royal Headquarters, situated on the hillside above Frénois. Wilhelm and Bismarck read the letter and Bismarck accepted it.

Wimpffen attempted a last-ditch negotiation maneuver, seeking an "honorable capitulation" over prisoner-of-war status for the Army of Châlons, but Moltke rebuffed him, pointing to the

oramai fuori dai giochi. Wimpffen quindi lanciò le sue forze contro i Sassoni a La Moncelle. Ciò portò un breve successo per i francesi, che respinsero l'artiglieria attorno a La Moncelle premendo anche sulle posizioni dei bavaresi e dei sassoni. Tuttavia, con la presa di Bazeilles alle 08.00 e l'arrivo di nuove ondate di truppe prussiane, il contrattacco non durò a lungo.

Entro le 11.00 ore, l'artiglieria prussiana ebbe un impatto sui francesi, mentre altre truppe prussiane arrivarono sul campo di battaglia. Il V° e l' XI°corpo prussiano raggiunsero le loro posizioni designate a ovest e nord-ovest dell'esercito francese fra le 07.30 e le 09.00, rispettivamente. Un'unità di cavalleria francese che avanzava verso ovest fu massacrata dalla fanteria prussiana e dal fuoco di artiglieria. Le batterie di artiglieria prussiane presero posizione lungo i pendii con buona vista sull'esercito francese. Il fuoco di artiglieria tedesco iniziò senza sosta sull'impotente fanteria e artiglieria francese, gli attacchi prussiani da nord-ovest e est e gli attacchi bavaresi da sud-ovest spinsero l'armata di Châlons a nord nel Bois de la Garenne, dove era circondato.

Wimpffen al 13.00 diede ordini per una ritirata a sud.

Gli attacchi fallirono completamente o non iniziarono affatto e la linea del 7° Corpo di Douay fu spezzata sotto il peso della potenza di fuoco tedesca. Il fianco sinistro di Douay era stato ricoverato in due file di trincee sopra Floing, e con il loro fuoco tenevano i tedeschi bloccati nel villaggio. Alle 13.00, l'artiglieria tedesca aveva infine distrutto Douay e la 22a divisione tedesca aggirò il fianco sinistro di Douay, respingendo tutti i contrattacchi da parte della fanteria e dei lancieri francesi. Douay ordinò agli squadroni di cavalleria del generale Jean Auguste Margueritte di aprire una via di fuga lanciando tre attacchi disperati sul vicino villaggio di Floing dove era concentrato l'XI° Corpo prussiano. Margueritte fu ferito a morte alla guida della prima carica, e verso le 15.00 le due cariche successive furono falciate dal fuoco di fanteria tedesco, il numero di francesi uccisi e feriti fu pari a 791. Un murale dipinto nel 1884 da Carl Steffeck raffigurava il generale Reille che consegna la lettera di resa di Napoleone III a re Guglielmo I nella battaglia di Sedan il 1° settembre 1870. Questo murale venne poi spostato nell'ex Ruhmeshalle di Berlino e venne distrutto dalle bombe durante la seconda guerra mondiale.

Alle 14.00 la fanteria tedesca prese il Calvaire e aprì il fuoco sulle masse francesi rannicchiate nel Bois de la Garenne.

I tedeschi avevano oramai la completa situazione sotto controllo. Il 7° Corpo francese sotto Douay si dissolse definitivamente in in preda al panico, riparando in cerca di rifugio a Sedan mentre veniva martellato dall'artiglieria tedesca. Il 1° Corpo di Ducrot fu messo in rotta dall'artiglieria del XII° Corpo sassone e dal Corpo delle guardie prussiane. Il Bois de la Garenne fu soggetto al costante fuoco di artiglieria tedesca da più lati e quando la fanteria delle Guardie Prussiane entrò nella foresta alle 14.30, i sopravvissuti francesi al suo interno si arresero in massa.

Alla fine della giornata, senza ormai alcuna speranza, Napoleone III annullò tutti gli attacchi. Fece esporre la bandiera bianca sulle mura della fortezza di Sedan e mandò il generale André Charles Victor Reille a consegnare una lettera di resa al quartier generale reale prussiano, situato sulla collina sopra Frénois. Re Guglielmo e Bismarck lessero la lettera e Bismarck accettò la resa.

Wimpffen tentò un'ultima manovra di negoziazione, cercando una "onorevole capitolazione" sullo status di prigioniero di guerra per l'armata di Châlons, ma Moltke lo respinse, indicando la

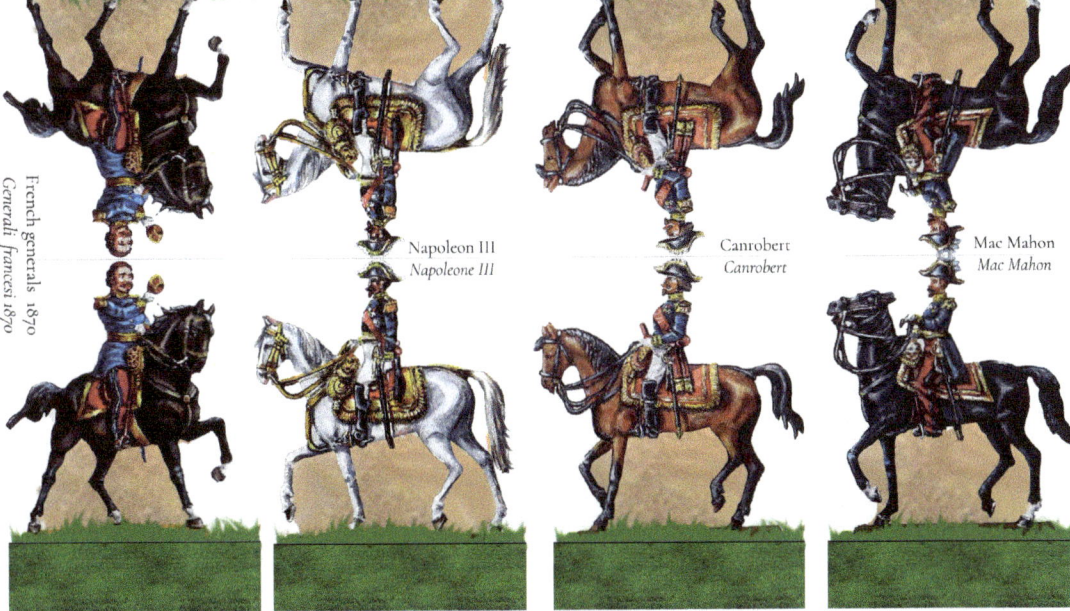

French ADC officers 1870
Ufficiali ADC francesi 1870

French Major Staff with Napoleon III 1870
Stato maggiore francese con Napoleone III 1870

French generals 1870
Generali francesi 1870

Napoleon III
Napoleone III

Canrobert
Canrobert

Mac Mahon
Mac Mahon

French lack of ammunition and food, the 250,000 troops on the German side against the mere 80,000 fighting for the French and the concentric German position. Wimpffen received only the prolonging of the truce until 0900 on 2 September.

AFTERMATH

By the next day, at 11:30 on 2 September, Wimpffen signed the surrender of himself and the entire Army of Châlons to Moltke and the Prussian King. The French soldiers marched under heavy rain to an improvised German POW camp, where they starved for the next week. On 3 September, Napoleon III left for a comfortable captivity in Schloss Wilhelmshöhe near Kassel. The French prisoners of war viewed his departure with indifference.

The capture of the French emperor left the Prussians without an opposing government willing to make a quick peace. Indeed, two days after news hit Paris of Emperor Napoleon's III capture, the French Second Empire collapsed in a bloodless revolution, leading to the creation of a Government of National Defense which would carry on the war for five more months.

However, the defeat at Sedan and the capture of Napoleon III and France's second line army, and with the first line French Army shut up in Metz, sealed the doom of France and thus decided the outcome of the war in Prussia's favor. By 19 September, the Prussian Third and Fourth Armies went on to besiege Paris.

The Brandenburg Gate lit up on 'Sedantag' in 1898. In English, the sign reads "What a change through God's guidance"

In recognition of the role this battle played in German Unification, many Germans celebrated Sedantag (Day of Sedan) on each 2 September until 1919. The Kaiser himself refused to declare 2 September an official holiday; instead, it became an unofficial day of celebration.

Casualties

The Germans lost 9,942 men, with 1,310 killed, 6,443 wounded and 2,107 missing. The French Army of Châlons suffered 3,220 killed, 14,811 wounded, and 104,000 captured, along with 558 guns. The French army also lost 1,000 wagons and 6,000 horses to the Germans.

CONSEGUENZE

Il giorno successivo, alle 11:30 del 2 settembre, Wimpffen firmò la resa di se stesso e dell'intera armata di Châlons a Moltke e al re di Prussia. I soldati francesi marciarono sotto la pioggia battente verso un campo di prigionia tedesco improvvisato, dove rimasero per tutta la settimana successiva. Il 3 settembre Napoleone III partì per una comoda prigionia nello Schloss Wilhelmshöhe vicino a Kassel. I prigionieri di guerra francesi osservarono la sua partenza con sostanziale indifferenza.

La cattura dell'imperatore francese lasciò i prussiani senza un governo avversario disposto a fare una rapida pace. Infatti, due giorni dopo che la notizia della cattura dell'imperatore Napoleone III, giunse a Parigi, il Secondo Impero francese crollò in una rivoluzione senza sangue, portando alla creazione di un governo di difesa nazionale che avrebbe continuato la guerra per altri cinque mesi. Tuttavia, la sconfitta subita a Sedan e la cattura dell'imperatore e dell'esercito francese, e con un'altra armata francese chiusa a Metz, sigillarono il destino della Francia e decisero così l'esito della guerra a favore della Prussia. Entro il 19 settembre, la 3a e la 4a armata prussiana continuarono ad assediare Parigi.

La Porta di Brandeburgo si arricchì del fregio "Sedantag" nel 1898. Il cartello posto sotto dice "Un cambiamento attraverso la guida di Dio"

In riconoscimento del ruolo che questa battaglia ebbe nell'Unificazione tedesca, molti tedeschi celebrarono Sedantag (il Giorno di Sedan) ogni 2 settembre fino al 1919, nonostante lo stesso Kaiser rifiutò di dichiarare il 2 settembre una festa ufficiale; essa divenne comunque giorno non ufficiale di celebrazione.

Le perdite della battaglia

I tedeschi persero 9.942 uomini, con 1.310 morti, 6.443 feriti e 2.107 dispersi. L'armata di Châlons subì 3.220 morti, 14.811 feriti e 104.000 catturati, insieme a 558 cannoni. L'esercito francese perdette anche 1.000 carri e 6.000 cavalli nella battaglia.

French light infantry 1870
Fanteria leggera francese 1870

French line infantry 1870
Fanteria della linea francese 1870

French infantry zouaves 1870
Zuavi francesi 1870

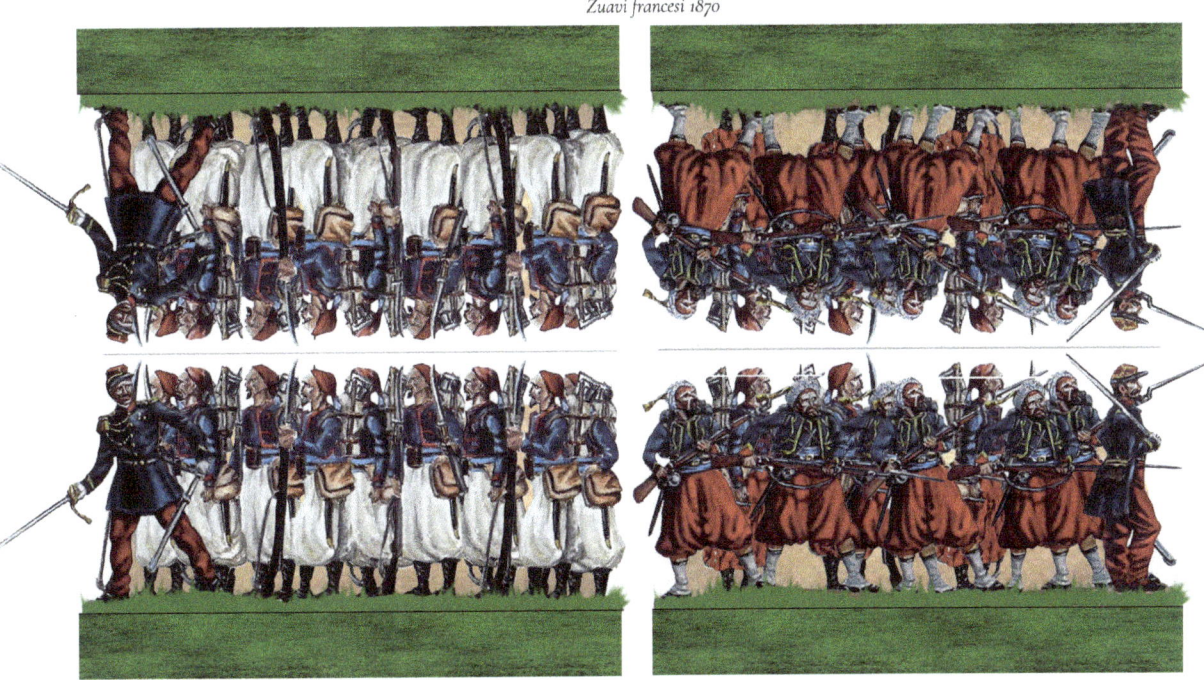

Fachwerk house - Antica casa a graticcio

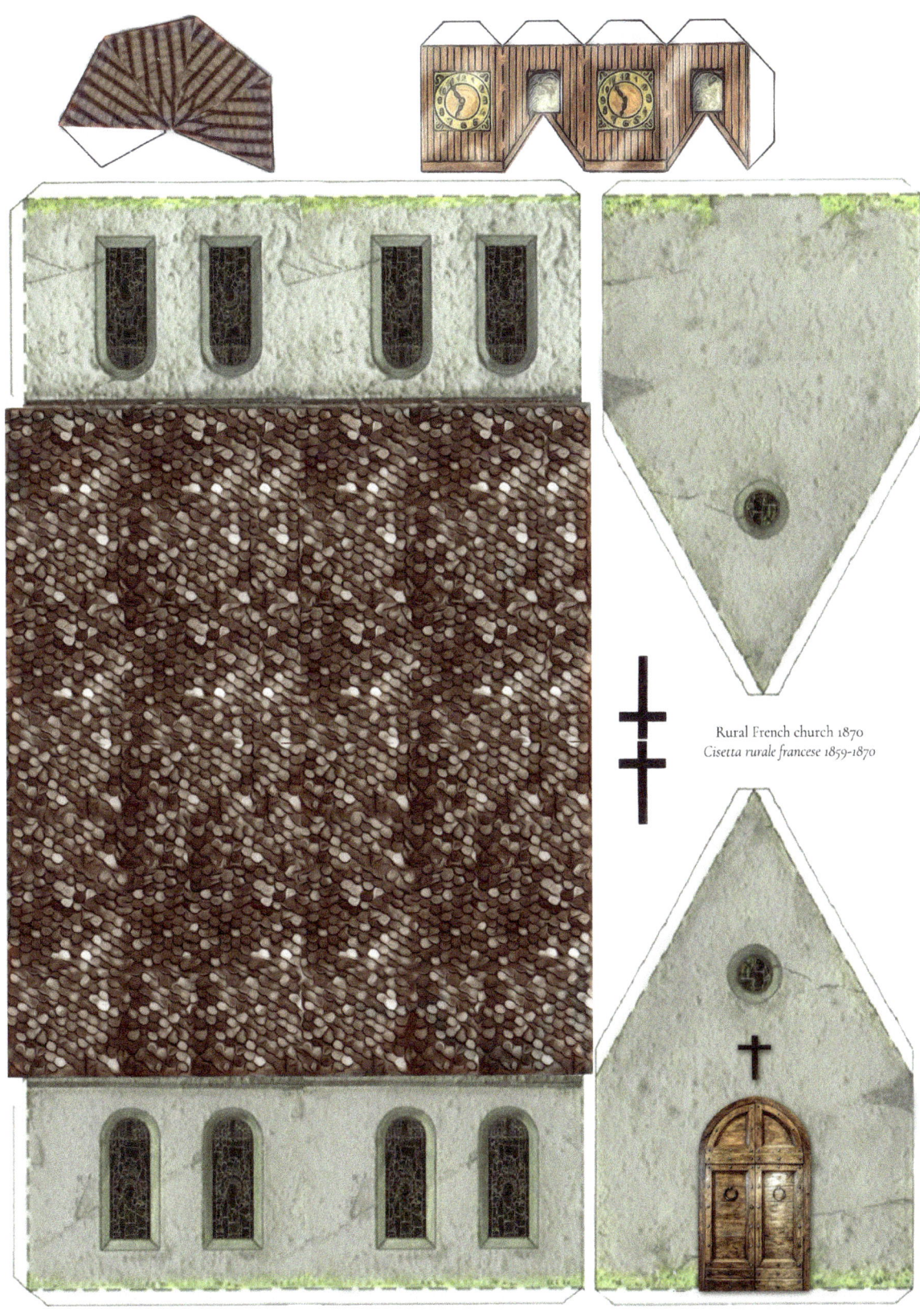

Rural French church 1870
Cisetta rurale francese 1859-1870

French farm house - *Casa colonica francese*

Various trees for battlefield - *Vari alberi per il campo di battaglia*

PAPER BATTLE&DIORAMAS PUBLISHED AND IN WORKING
(SOME TITLES)

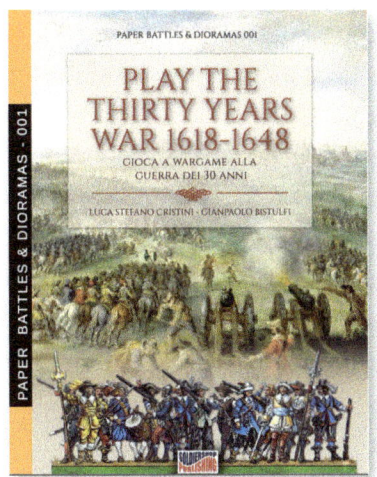
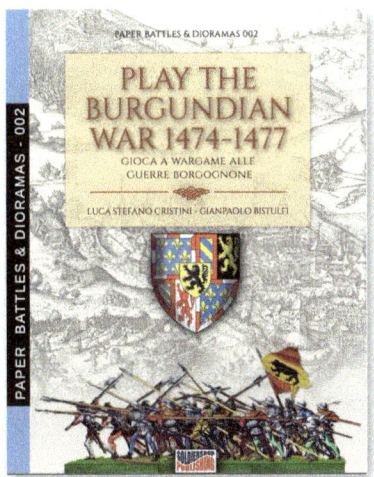
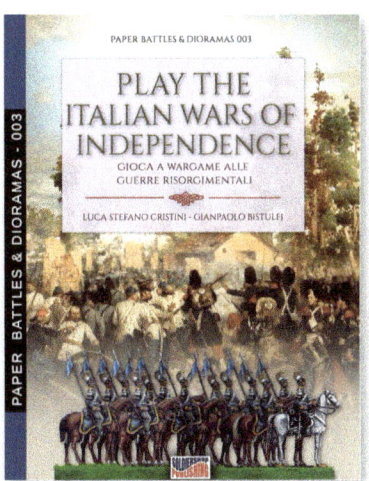
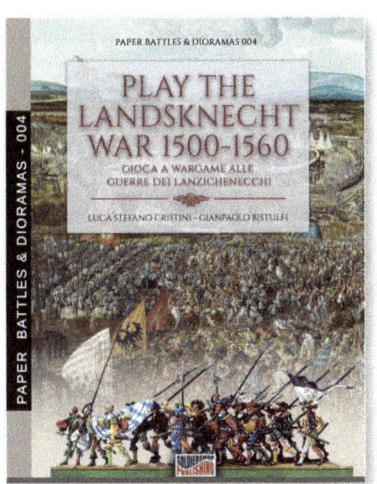
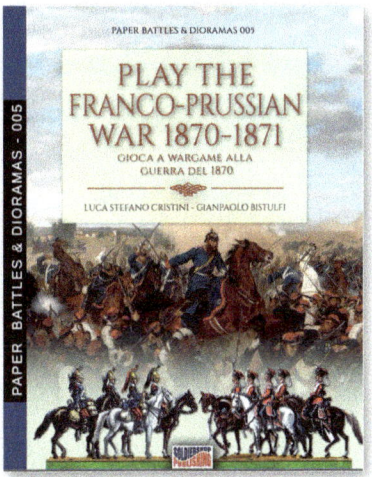
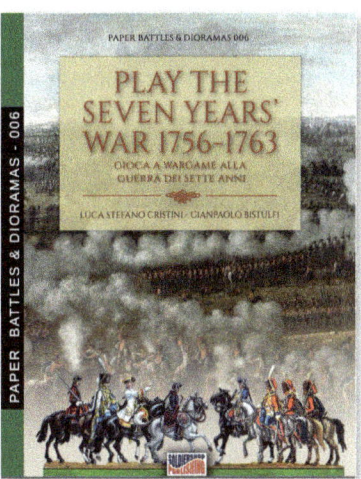

www.ingramcontent.com/pod-product-compliance
Ingram Content Group UK Ltd.
Pitfield, Milton Keynes, MK11 3LW, UK
UKHW060214240426
12048UKWH00031BB/1720